公司买卖的基础

转型中心股份公司出版，2008

企业转机中心有限公司
2010 年出版

印刷于新加坡
印刷单位：Mentor Media Printing Pte Ltd

9　8　7　6　5　4　3　2　1
09　　10

目录

作者简介

Michael Teng 教授曾著有《扭转局势：让濒危企业起死回生》，此书与 2002 年被译成印度尼西亚语，并且是当时的畅销书之一。2006，出版了另一本书《企业健康：扭转局势与转型的 101 条准则》。

2007 年至 2008 年出版了四本著作：《因特网扭转：使用网络营销扭转企业局势》，《培训手册：企业扭转与转型的方法》，《通过链接诱饵提高搜索引擎排名》和《企业扭转：全球化视野》。

他是第一个列入全球点击量最大的个人发展网页 SuccessUniversity.com 的第一个亚洲人。邓教授是 2006 年度 BuildYourOwnBusiness.com 的五大最佳作者之一。

邓教授曾就企业逆转与转型课题多次接受国家媒体的访问，并且被亚洲新闻、新闻频道 FM93.8、老板杂志、经济快讯、今日焦点、世界经理人文摘、联合早报、StarBiz 以及新加坡海峡时报等新闻媒体作为亚洲企业转型的专家进行多次报道。

邓教授拥有在亚太区 28 年的企业转型、战略性规划和管理运行责任的经验。其中，曾在跨国公司，地方公司及上市公司担任 18 年的首席执行官的职务。他引导多个受困企业实现成功扭转。目前是扭转中心有限公司的总经理。

邓教授曾担任 14 年的执行委员会会员，过去四年（2000-2004）为新加坡营销科学院院长。新加坡营销科学院是代表个人及企业的国家机构。邓教授在南澳大学获得企业管理学博士学位，在新加坡国立大学获得企业管理硕士学位和机械工程学士学位。他也是专业工程师（P Eng,新加坡）、英国特许工程师、英国特许市场研究会会员、英国特许管理学院会员、美国机械工程会会员、美国电气工程协会会员、新加坡市场学院成员以及新加坡电脑学会高级会员。

简介

　　每个人都希望成为自己的老板，而最简单的方法就是创立自己的企业。你可以拥有一个企业，并且成为你自己的老板。但是，要拥有一个企业，你要么自己创立一个，要么购买一个现成的。创业或许不是每个人都行的，但是任何人都可以购买一个现成的企业。

　　这本书将会知道你如何通过一个合理的价格购买一个企业，并且在你所购买的企业奄奄一息的情况下如何将其逆转，以及如何通过兼并收购来扩大自己的企业。如果管理适当，任何企业都能增长。但是，他们可能不能像你期望的那样快速增长。通过兼并和收购，你可以让你的企业成倍的扩增。一旦你的企业扩张到一定程度，你就可能需要出售你的企业来回收投资并获得利益。这本书将会指导你如何以最好的价格售卖 你的企业。

为何要购买企业

你为何要拥有一个企业呢？因为有了自己的企业，就可以成为自己的老板了。这将帮助你控制自己的财务与专业命运，并且将获得无限的满足。你不需要再在一个企业文化下工作，而可以创立自己的企业文化。这将使你的工作时间更加灵活。既然你是你自己的老板，你就可以修改自己的工作几乎使其符合自身需求。同时你也可以才拥有自己的企业中获得一些税收利益。

但是，必须提醒你的是，拥有一个自己的企业并不是，也不能是你财务成功的保障。因为拥有一个企业也意味着拥有更多的责任。你必须处理工作中的压力。这可能不像你想象中的那么简单。拥有并经营自己的企业的时候会有很多繁文缛节以及官僚障碍。此外，还有税收和员工福利，更别提工会了。就像所有的企业一样，你所购买的企业也会有自己的竞争者，他们的目标是将你从这个行业中驱逐出去。所有产品的市场都是 不断变换的。如果你无法及时了解市场的动向来改变你的产品，那么你的企业也不会存活希望。

你考虑了很长时间，并最终决定拥有一个自己的企业。这是你在购买自己的企业的过程中所作出的第一个决定，而且这很可能是在这整个过程中最简单的一个决定。

已有企业和新企业

现在，你面临的选择是创立一个新企业还是收购一个现成的。

在你决定之前，你需要考虑一系列的问题。创立一个新的企业显然不是一件易事，这是一个极其痛苦的任务。首先，你很难获得足够的资金来创立一个新企业，尤其当这是你第一次创业的时候。及时你获得了资金，在企业成功之前，你还有很多事情要做。你需要开拓业务、收揽客户、创造收益并且获得利润。你还需要雇佣员工与管理人员。总而言之，你需要花费相当的时间金钱与精力来创立一个企业。

相对于创立一个企业来说，购买一个现成的企业有很多优势。最重要的是，你购买的企业是已经建立起来，并且在经营的。你可以避免很多在创业的时候会遇到的危险。你很难从新创立的公司中立即获得利润。要是一个新创立的企业成功，你需要花费相当的时间金钱与精力。相比之下，在现成的企业里面，原来的主人已经将这些步骤都完成了，你所需要做的只是做一些小的修改。

如果你创立一个新的企业，你无法确保自己能否盈利，而在现成的企业里面，这已经是事实证明了的。事实上，作为一个现成公司，其本身价值就高出新企业。其业务运转正常，并且会有自己的客户。而创立保持一个良好的客户群是一件费时又费力的事情。现成的企业有一切基础设施，包括客户、供应商、员工、设备与适当的制度。所有必须的证书及许可证都已经具备。这可以让你有更多的时间关注与业务而不是创立这个过程。现成的企业还有其自己的市场营销方式。一个训练有素的销售队伍和有效地营销制度是非常有价值的资产。前任老板会尽其一切能力来支持现成企业。

新成立的企业在融资上会遇到很多困难。而银行与金融机构在发放资金时会对现成企业更加慷慨。因为现成企业的风险比新企业的风险更加容易评估。一个现成的企业是一个有着现成地址、客户群、员工、供应商和信誉的已知物体。有时候，如果现成企业的卖主对你这个买主有信心的话，他会赞助整个交易。

收购一个企业比创立一个新的企业来的更便宜。你可以商讨购买价格，并且可以很容易的调查现成企业的过往行为、运营、目前状况、竞争情况、产业与潜在风险。你可以较为简单的判定通过何种措施来成功的运营这个企业因为你只需要在现有基础上将其延伸便可。

当然，你也需要意识到购买一个现成企业的一些风险。最大的瓶颈是购买一个企业的花费。有时候，收购价格会高于你所指定的金额。有时候，其金额更甚至可能大于创立一个新的企业的金额。价格高的主要原因是该企业的所有设备均齐全，你需要在购买之前进行尽职调查，而这有涉及到了律师和会计师等专业人员。

当你购买一个现成企业的时候，你是在购买其所有的资产，包括其债务和尚未完成的合同，而这对你来说很多情况下都是不利的。该企业可能有其内在的问题，而你将需要花费更多的资金来调查这些问题。另外一点是，现有的员工可能不适应领导班子的改变。而且现成客户也可能因此不再成为该企业的客户。

而且，现有企业很可能形象不佳，而你会发现这个形象很难改变。此外，企业的一些类似机器、办公设备等固定资产已经老化，并且需要替换。

总体来说，购买一个现成的企业优于创立一个新的企业，特别是在你首次创业的时候。你完全可以通过购买一个现成的企业而省去创立一个新企业会遇到的困难。

一旦你决定购买一个现成的企业，那么你就面临这个问题：那个企业才是合适的呢？为了让你努力获得成功，你需要购买合适的企业。

合适的企业

购买企业时，最重要的是选择一个合适的企业，这也是企业购买者的首要问题。找到你自己的企业最简单最快捷的方式是选择一个你已经很熟悉的企业。但是，身边有那么多的企业在出售，这并不意味着最熟悉的就是最合适的。

你的工作经验、知识、资格、技能、才能和性格都决定了什么样的企业才是适合你的。你的企业应当可以让你发挥你的专长。选择一个与你的工作经验、知识、资格、技能、才能和性格匹配的企业。

缩小选择范围

关键是选择一个能够与你的专长融合发挥的企业。在运营企业的时候，你必须能够发挥的你长处。其实没有什么现成的"合适"的企业。而是在你购买之后，你把它转变成了最适合你的企业。通过与你的兴趣、才能、技能和性格的匹配程度来缩小可收购企业的范围。问一问你自己，你是否在面对一堆人以及处理大量客户的时候你是否舒服，还是在跟少量客户打交道的时候更舒服呢？你是否能够很好的代表 并且解决各类员工的需求与计划，还是更喜欢与一两个人合作？你是否能够适应日夜不停的工作环境，还是更喜欢传统的周一到周五的时刻安排？你倾向于保留库存呢还是服务性企业？

选择一个与你的兴趣、才能、技能和性格最匹配的企业。你必须考虑到你的性格、对细节的关注能力、人际交往能力、多任务能力、代表能力以及其他的一些性格特征。

产业

千万不要选择一个你不了解的企业。这是一切灾难的源头。在一个熟悉的领域经营一个企业已经是够难的了，更何况在一个完全不了解的企业呢，你需要学会如何经营企业，同时还增加了需要去了解这个新产业所带来的苦难。你必须清楚地知道，你的经验和技能最适合哪个行业。

期望

不要对企业有 不切实际的期望。现实一点。你必须考虑好你想从一个企业中得到什么。常常思考一下，这个企业是否会给你一个提高自己的生活、帮助你做一些大事，或者会如何影响你身边的人，特别是你最亲近的朋友和亲人。千万不要把经营企业当成一种爱好，这是注定要失败的。

牺牲

记住，每一次成功都是伴随着大量的牺牲的。如果你希望你的事业能够成功，那么就准备好作出牺牲吧。天下没有免费的午餐。得到的回报与付出是成正比的。购买或创立一个公司需要付出很多牺牲。

你购买一个企业是因为你对其有所期望。要使得这个企业满足你的预期，你就需要准备付出牺牲。不要将付出比作约束。人们是因为回报才付出的。

经验

你的个人经验、技能、才智与性格在决定合适的企业中至关重要。选择适合你的经验、技能、才智与性格的企业，而不是期望试图在购买后将其改变成适合你的。务必确保你选择了一个你喜欢的企业，这对你企业的成功非常重要。同样重要的是要注意你所不喜欢的东西。有些事情要求你亲力亲为。请确保这不是使事业运转的源泉，并且确保你可以雇佣或者通过外包来实现这一功能。选择那些你有经验的企业，而不光从兴趣的角度出发。

优势

使得个人优势与企业需求相匹配。选择一个适合你的优势的现有企业，这样你就不需要因为你的缺陷而蒙受多重困难了。

缺陷

考虑自身的一些可能限制公司发展的缺陷。千万不要从事一个可能对比事业更重要的东西造成不可弥补的伤害的行业。你必须了解你的弱点，并且将其也企业联系起来。在选择企业时，你的弱点可能会对你造成很大的负面影响。千万要头脑清醒。千万不要选择一个企业而其所需要的正好是你所不能提供的。

市场定位

该企业是否具有现有市场？如果不，你是否能够开创一个市场？该企业是否拥有独家经营权？产品是否有市场需求？这些都是需要考虑的问题。你不会去购买一个其产品没有市场的企业。如果没有市场，那么这个企业必将失败。考虑下现有的或潜在的竞争对手。如果竞争激烈，那么不要选择该企业。

产品

在商业中，如果没人卖东西，那么什么都不会产生。一旦你拥有了自己的企业，而且你希望这个企业成功的话，你就需要卖东西。产品是没有任何东西可以替代的。你必须完全的了解你的产品并且将其附带的价值出售。真诚的跟客户交流，这对你的企业的成功非常重要。

财务

你的资金与其他可利用资源是你选择适当企业的重要决定因素。你不必拥有全部的资金，银行与金融机构会资助你购买企业。但是，你的企业必须对他们有足够的吸引力。有时候，企业卖家也会赞助。

你可能已经决定哪个企业时适合你的了。那么你就要锁定这个企业了。它是不会主动到你手里的，你需要自己去寻找。

定位合适企业的资源

一旦你决定了适合自己的企业，你面临的问题就变成了：如何找到这个企业？就像你不会只看一眼就把房子买下一样，你不能一听到一个可购买的企业就立即购买。手头有很多资源，那么你必须将这些资源的范围缩小到一个。

分类广告

仔细检查下报纸的分类广告，你会发现有很多企业是待售的。检查下那些你感兴趣的企业。这个编目将会包括物主所有编目和业务经纪人所有编目。选择时要谨慎，因为有些企业是用来欺诈客户的。在没有确定编目的真实性之前不要支付。

出版刊物

有大量的刊物中列有待售企业的名单。购买一本当地刊物，其中当地的待售企业的可能性会大很多。查阅列表，你总能找到一个感兴趣的企业。你就可以联系卖主或者业务经纪人。

网络

网络是一个信息量相当大的地方。很多网站都提供待售公司列表。以下是一些主要的网站：

http://www.bizbuysell.com
http://www.bizquest.com
http://www.businessesforsale.com
http://www.businessbroker.net
http://www.mergerplace.com
http://www.bizsale.com
http://www.ibizseller.com
http://globalbx.com

同一个企业可能会在多个网站上出现。大部分的网站是由业务经纪人主办，并且广告较多。但是还是比较值得常去看看的。

某些网站会有邮件提醒选项，注册该选项后，输入特定标准，如企业类型，地址，预算等。只要有新的符合标准的企业出售，你便可通过邮件获取信息。

律师和会计师

律师与会计师是较好的信息来源。他们的很多客户都可能有意向出售企业。向律师与会计师透露你的购买企业的意向，并且询问他们是否有客户欲出售企业，并且向其提供自己的相关信息。

银行和金融机构

银行和金融机构是锁定待售企业的一个便捷的信息来源。应当联系银行经理，告知其你正在寻找购买一个企业，并询问其客户是否有企业需要出售。并提供你的相关信息。

商会

试着成为一个商会的成员，并参加其会议。你可以在这样的会议上结实企业主并发展联系，其可帮助你确定一个待售企业。

业务联系

你的业务往来是你确定待售企业的另一个途径。让客户知道你正在寻找待售企业，一旦消息传开，你就可能得到相关的信息了。

亲友

让一切有业务往来的亲友知道你正在寻找购买企业。你永远都不会知道，你圈子里的某个人可能正在筹划出售企业，或者他的朋友想要出售企业。

业务经纪人

这可能是购买企业最好的方式了。有很多合格的业务经纪人主营企业买卖联络人的业务。首先，要确保该业务经纪人是授权合格的。大部分的诉讼都是由于没有要求业务经纪人出示证件所致。找那些专门从事中间业务的业务经纪人。

业务经纪人通常像地产商一样运作。他们拥有一些列的从不同的卖家出来的清单，这些卖家都愿意向经纪人支付佣金。如果你对该经济人手头的企业类型不满，他很可能可以从别的业务经纪人手中找到你满意的企业，他就可以和该经纪人平分佣金。

大部分的业务经纪人都拥有专有的客户清单，且没有任何一个经纪人拥有所有待售企业的全部清单。所以，尽量的多访问些经纪人。但是，大部分的优质经纪人在得知你还在访问其他经纪人时都会对你的项目失去兴趣。优质经纪人会在确认你相信他们的基础上，努力为你工作。当然你也可以只选择一个能够从别的经纪人出找到资源的优秀经纪人。

一个优秀的经纪人在像你提供企业前，会尽可能的调查关于你的信息。一些经纪人会尽一切能力做到完成一个收购所需做的事情，另外一些则只会将有可能的买家和卖家联系起来，然后坐等佣金。

使用经纪人有很多好处。经纪人可以给你提供你自己可能永远找不到的企业。一个优秀的经纪人还能够不报成见的替你选择，并且知道哪些你不想做，而完成后才开始。

选择一个经纪人后，调查下他们的经验，他们曾经的 业务，背景，证明以及工作方式。

在现有的市场条件下，经纪人是关于价格、财务、以及购买过程中的其他方面所需极佳的信息来源。1

他们能够将购买者与观望者区分出来，而节省你宝贵的时间。在大部分情况下，他们能够要到比你更好的价格。

经纪人对现行市场、购买流程非常熟悉，可以帮助你定价。同时，经纪人也可获得近期类似交易的信息，来帮助你公正准确的评估你所要购买的企业。

有时候，在你和卖方之间也需要缓冲。经纪人可代替你将坏消息传达给卖方，比如说有时候，你需要撤销或修改你的出价，或者你在谈判中需要非常激进。甚至在购买了企业之后，你还会需要经纪人的帮助来顺利的运行这个企业。避免将经纪人激怒对你百利而无一害。所以说，经纪人可以帮你转达坏消息给卖方，而你就不用与卖方陷入尴尬。

一个好的经纪人，会帮助你将购买企业过程中的所有书面文件都准备好。

除非你雇佣一个经纪人，不然这个经纪人就是卖方的代表。

只有你自己能够决定哪个企业是适合你的。业务经纪人也只能帮助你。你才是那个最终做决定的人。确定企业仅仅是个开端。还有很多需要你去做。你面临的第一个挑战就是如何与买家周旋。

与卖方周旋

卖方在整个过程中扮演了非常重要的角色。卖方会找寻一个买方。其理想的卖方是一个不会再现有企业中与其发生竞争,在购买后给他的威胁最小,并且能够提供最好或最便宜的价格。很有可能在购买了该企业之后,你还要继续跟卖方合作一段时间,以确保所有权的顺利转移。务必确保卖方跟你相处和睦。千万不要自负,因为你需要从卖方那获得如何改进企业的信息。卖方的认识对于决定企业的进一步发展的方向有所帮助。

谈判

一旦你决定了要购买的企业并且联系了卖方,你需要开始收购谈判。尽管你想要对卖方客气一点,但是千万不要相信卖方所说的一切。

谈判涉及到信息的交流以及双方对收购成功的考虑。你可以说明对这个企业的担忧,这样卖方就会证明这个企业。

首先,你必须找到出售的原因。卖方可能会说他想要退休或者要搬家才卖了公司,可是,还可能有其他原因。可能企业的前途不像卖方所描述的那么光明。企业可能丧失了其占据业务经济来源大部分的主要客户,或者其主要竞争对手搬了过来,或者该企业的产品过时了。你不会希望你拥有这样一个企业的。因此,出售这个企业的原因是非常重要的,找到这个原因也是你的首要任务。

另外,你还需要知道出售中包括哪些内容。是否包括了所有的资产?这些资产是否为另外一方所有?企业的负债情况如何?我想你不会想要背负别人的债务吧。

一旦你决定购买该企业,你最好将其形成文件,并向卖方发送意向书。附件中有一份意向书样本。

意向书略述了你与卖方在购买协议完成之前所达成的一致。这是正式说明作为一个预期买方,你对购买这个企业有兴趣的一种方式。这正式声明,双方在就企业的出售谈判。这也为潜在的谈判失败做了个安全保障。但是,意向书并不是要约,且对双方不会有任何约束力。

一旦你将意向书传出,并且卖方已经接收,你可以正式开始收购过程中最重要的步骤:尽职调查。

尽职调查

对于企业的购买者,不存在法律保护。一些法律是对买方所遭受的损失有所补偿,或者允许控诉歪曲欺诈行为。尽职调查的目的是帮助买方调查尽可能多的关于企业的成功所需要的关键信息,如其优势、弱点等。

尽职调查是指涉及到对企业的调查的行为概念的术语。它通常是指自发调查。尽职调查是指一个潜在买家评估期望购买的企业的过程。

尽职调查的主要目的是让买家找到尽可能多的所需要知道的关于该企业的信息,使其在基于事实的基础上考虑各种选择。如果尽职调查发现该收购风险大或者不受欢迎、企业的缺点无法充分解决,这样买方就可以从谈判中退出。同时也可以根据尽职调查所得到的信息进行定价。如果你发现企业有问题,可以通知卖方,并让其解决该问题。

你可以根据卖方的陈述购买该企业。但是,在这种情况,如果企业在收购后出现问题,你需要通过诉讼来追回资金。因此在购买前就将问题找到比纯粹依赖于卖家的陈述更为有利。

你应当雇佣律师与会计师为你执行尽职调查。尽职调查是一项非常复杂的任务,而且也是购买现有企业的过程中最重要的一步,因此,很有必要让专业人士来执行。最好让你的会计师进行财务、税务尽职调查,让律师进行其他方面的尽职调查。最终的调查报告将是一个由会计师和律师一起组成的报告。会计师拥有基本的会计与税务技能。律师能够分析该企业的文件、合同、证书以及许可证的合法性。

独立查证

在进行尽职调查的同时,你必须实施独立查证检查公共档案。通过在公司注册处的调查,可以得到所有的细节,有企业条款与备忘,股本,人事主管,注册地址,资产担保等。

通过信用调查机构获取关于企业信贷价值的信息。必须对每个主管或卖主实施破产调查以确定是否有破产申请,是否收到注册的编次或债务清算契据。

你还应当实施诉讼调查来确定该企业是否收到审判或被任何一方起诉。

如果该企业宣称自己是某贸易组织的医院或拥有专用证件,你应当就有关贸易组织或证件办法部门进行核实。如果该企业表面上附带执业守则,就相关部门核实是否如此。如果该企业需要特别许可证,核实下该证书是否仍然有效以及收购行为是否影响该证书的效力。

实施尽职调查

你可通过向卖方询问信息来开始尽职调查。有时候,卖方可能会要求你签署保密协议。一个持续运作公司的买卖行为对卖方和潜在买方来说都是保密的。所有的调查都应该秘密进行。会议以及分享或调查的信息都应当严格保密。

你所需要的信息的范围由企业的性质以及你所要投资的金额决定。但是,尽职调查必须调查以下信息。

1. 应当调查公司形成文件,包括公司备忘及章程,来确定卖方完成交易的权利以及优先承购权等潜在的障碍。
2. 过去三年的审计账户,以及后期的未审计账户和管理账户,股本详情。
3. 董事会及股东会议记录。
4. 企业所需要的证书与许可证详情。
5. 企业债务的详情,包括企业欠债安排,欠债的期限,担保,信用证等。
6. 待定或受威胁的诉讼、仲裁及政府调查的详细说明。
7. 员工详情,包括员工姓名、地址、年龄、入职日期、工资、其他津贴、职位、职务等。

8. 所有签署的合约的详情。
9. 所有已付、待付、可支付税务的详情，以及潜在税务纠纷的详情。
10. 所有保险以及未获赔偿的保险索赔的详细说明。
11. 资产所有权。
12. 所有自由财产详情，以及财产的出租，借贷、抵押和负担。
13. 企业的知识财产。
14. 企业的管理结构。
15. 企业的描述、运转方式、市场营销政策、主要供应商与客户、市场份额等。

拥有上述所有信息后，你就可以开始尽职调查了。

尽职调查的很重要一部分是与员工相关的。所有员工的雇佣协议必须仔细核查，特别是主管及主要员工的服务协议。查证终止雇佣关系的通知期限。你最起码应当确定员工的工资及其他津贴，公司对员工是否存在歧视或者企业是否根据法律规定给员工发放了应有的工资。

公司的资产是另一个需要查证的重要部分。此外，核实全部所有权的文件，同时还得对财产进行事务调查。

你应当去地政局查证资产是否存在任何不良负担、债务或限制。对于租赁来的财产，你可继续租借并且确定租借终止的倾向。因此，你应当确保业主没有开始任何没收程序，并且不存在由卖方导致的房屋破损需维修的未赔偿欠款，且租金已付清。

查证租借的终止条款，有时，需要业主确认将财产转租与你。

查证租借的租约复议条款，企业的收益能力很可能收到不良租约复议的严重影响。

对于企业的独立评价及其金融信息来说，财政尽职调查是必须的。雇佣会计师来替你进行调查。在起草确定现实的时间安排和价格之前与会计师合计。你应当与进行财政尽职调查的会计师和进行尽职调查其他方面调查的律师保持联系。这样可以保证你不会浪费时间与金钱重复尽职调查的范围，并且可以保证所有的调查内容都根据时间进度完成了。财政调查的主要目的是获得详细的财务、商业及管理信息，其包括但不仅限于以下各个方面：

1. 企业的章程和机构
2. 企业的资金机构
3. 股票持有模式
4. 股东权利
5. 资产现状及企业债务
6. 企业净资产总额
7. 复议财务状况，包括融资协议、营运资本需求、或有债务
8. 过去三年的损益账户总额
9. 财务法规
10. 企业税务

如今，环境尽职调查也成了尽职调查的重要一部分。以下是为什么环境责任与收购有联系的原因：

a) 对于企业影响环境的商业活动的控制正在日益增长，且越来越复杂
b) 很难获得针对环境责任的保险
c) 公众舆论
d) 在现行法律下，对于环保法律的破坏的责任是追述到在已知情况下允许污染物排放的原始污染者。但是，如果无法找到原始污染者，现有的屋主或使用者将承担补救

措施，而这是非常的昂贵的，会严重影响到企业的盈亏。

环境尽职调查可用于确定购买该企业成为其责任承担者所涉及到的风险的性质与范围。你必须确保该企业符合所有的环保法规且拥有所有必须的相关权威部门所颁发的运营企业所需要的许可证与通关证书。

你的会计师还应该调查该企业的税务状况。核实信息的准确性极其重要。税务尽职调查的主要目的是确定企业是否存在任何潜在的税务责任。

税务尽职调查的另一个目的是确保企业的价值可以被准确的核实。税务尽职调查会确定企业的税务是否正常以及将来是否会出现突发的税务责任。

利用税务尽职调查可以找出在购买企业后可用来节省税务的部分。

尽职调查的范围是基于很多因素的，包括交易的大小、完成交易的可能性、风险承受力、时间限制、成本因素、以及资源可用性。我们不可能了解企业的每个细节，但是，我们必须要得到足够多的信息以将收购企业的风险降到可承受的程度，并且做出好的、基于信息的决定。

尽职调查所分配的时间会根据情况的不同发生很大变化。企业收购收尾时的时间计划一般来说比较紧凑。你应当保证有足够的时间进行尽职调查。在尽职调查过程中，保证所有信息的保密性。

在进行尽职调查时，你要拥有获得企业的最重要的资源—资金。如果说你没有准备好资金的话，你与卖方的所有的周旋于尽职调查都是在浪费时间与金钱。没有资金，你购买和拥有一家企业的努力都不可能取得成果。

集资

在着手购买企业之前，你必须确保你的资金已经到位。你的个人资金是支持收购的最好资金来源。但是，如果说你个人无法支付所有的金额的话，也不要担心。你还有其他的途径来筹集资金。

银行及信贷公司

这是筹集资金的最常用方法。银行与信贷公司都乐意提供贷款进行采购。

贷款主要分两类：

商业贷款

消费贷款

商业贷款是用企业或个人资产为担保的，并且有严格的要求。银行和信贷公司一般都会要求有第三人担保，并且为你的旁系亲属。如果在你购买企业后，企业金融状况紧张，银行和信贷公司会要求你立即全额偿还贷款。

你也可以通过以个人资产为抵押来进行个人贷款或其他贷款来获得资金购买企业。相对于商业贷款而言，消费贷款与个人贷款更容易获得批准。大部分的银行和信贷机构都不会在意你通过消费贷款来筹集资金购买企业。你所需要的是良好的信用记录。个人贷款与消费贷款所要求的文件也少一些。

风险投资基金

风险投资是一种私募基金，专门由外来投资者投资新兴的、成长中的或者困境中的企业。风险投资一般是高风险投资，但是要求的潜在回报要高于平均额度，或者是要求拥有企业股权的一部分。

有很多风险投资家愿意投资各类企业。他们提供的资金额度在 250,000 美元到 1 千万美元之间，或者更高。大部分的风险投资家都有设定的愿意投资的限度，如最小额度和最大额度，一些则在某一特定行业或领域投资。

在投资一个企业之前，风险投资家会调查该企业的前景及管理能力。你需要向其提供大量的信息，包括你的商业计划。总体上不存在固定的标准。每个风险投资家都有其各自的规则。但是，你必须谨防诈骗。一些诈骗份子会以风险投资家的名义向你索取预付资金，然后卷款潜逃。

天使投资者

天使投资者是那些有钱，并且在寻找投资的人。他们要求的是比传统投资更高的回报率。他们提供的资金一般在 200,000 美元以下，并且以自己地理区域内的投资为主。他们非常注重企业的发展以及其潜在收益能力。他们一般以获取收益为目的来资助企业，但是对企业的管理并无兴趣。

亲友

尽管亲友是赞助你购买企业的资金来源之一，但是尽量不要涉及到亲友。只将这作为最后不得已的办法。向亲友借钱是以你们之间的亲情与友情为风险的。

卖方贷款

在美国及其他一些地区，大部分的企业收购，特别是小型企业的收购都涉及到卖方贷款。在卖方贷款进行收购时，你需要签署一个偿还协议，但是，你还需要个人资产作为担保。

津贴

有很多政府及个人组织向企业家提供津贴。一些地方及州政府也提供此类津贴。

你可以从你可找到的资源或者愿意赞助你的资源处安排你的资金。但是，务必确保你可以偿还贷款。如果你不能偿还贷款的话，他们很可能会将目标对准你用他们的钱所购买的这个企业。

你所需要的资金额度取决于企业的价值。不要依赖于卖方的报价。这很可能是夸张后的一个数字。卖方只想从他们的企业中获得最大的利益。为了确保自身利益受保护，你需要进行自己的估价来确定你为这个企业所付出的价格是合理的。

估价

在购买企业之前，你需要确定企业的价值，以提出最好的出价。卖方的报价很可能不是正确的价值。你需要通过对企业的评估来确定合适的价格。

估价是购买过程中很重要的一部分。应当是由一队专业人士，在基于你收购的目的的基础上展开的。你的评估队伍应当由会计师，财务，以及可以从不同角度调查评估的专家。专家在评估过程中有他们专有的角色，他们的任务是调查贬值后资产的寿命及效力，以及专业过程中所需要的调整与替换，并形成对于企业、其机器及其他方面的工作能力的独立意见。

估价的基础

估价有几个基础。一般通用的估价方法是基于企业的资产价值或企业的收益，或者是两者结合。

资产价值

对于基于资产价值的估价，你的专家会评估自由公开的保有土地及建筑的市场价值。租赁未到期的租借财产的市场价值也需要进行评估。同时还需要评估如存货和机器等有形资产和商誉等无形资产。接下来，会就每一个商业行为进行评价。每个企业的商业行为各不相同。

资本化收益

如果你希望基于收益来估价，最常用的方法是使用你预设的投资的回报率。这是你投资收购该企业的资金的简单回报率。

市场价值

市场价值评估只有在收购上市公司的时候才适用。市值是根据上市企业在股票交易市场的估价价格来报价的。但是这个价格不一定反映了企业的真正价值。因为股票价格考虑到了很多无形资产，如管理能力、企业前景、地理优势等，这些都是无法量化的。如果你想要基于此方法得到一个合适的价格，你必须确保市场波幅升降等暂时性因素都已通过对一段时间的平均报价来排除。你不能将此方法作为估价的好方法，除非该企业的股票有大量的交易额。你可以将此方法与净资产或收益估计结合起来使用。

投资价值

投资价值象征着包括业主的最初投资及那时算起的利息在内的创立一个企业所需要花费的成本。

账面价值

账面价值代表贬值后重新估价的企业资产总额。这可以作为决定你该为此企业支付多少价钱的公正公平的基础。

再生产成本

此方法是基于复制企业的性能或重建类似性能所需要的花费来计算的。这并没有把企业的无形资产计算在内。这是谈判初期的较好的估价方法。

除了上述基础之外，还有其他的基础。全球最常用的三种方法是基于资产的估价，基于收益的估价及市值估价。

上市公司与非上市公司的估价方法各不相同。上市公司的股份在股票交易市场有报价且容易获得。你可在股票交易市场买卖这些股份。理论上说，所有关于企业的相关信息对投资者都是通过市值显示出来的。但是，你不能完全依赖于股票的市值，因为：

1. 企业的正确信息可能不对投资者开放
2. 内部交易可导致市值的扭曲。

涉及到非上市公司的时候，包括持股模式，选举权等商业分析，以及行业性质、竞争等行业分析都需要考虑在估价之内。

基于收益的估价

基于收益的估价很常用。投资者对于企业投资的预设期望回报率与投资的资金的简单回报率是对等的。以最后公布的企业收益，减去税务、优先红利等获得的净收益来计算。你必须牢记，这个估价是基于企业的过往业绩执行的，然而，对于一个公正的估价，对于将来收益的可靠预测也是必须的。

收益分析

每股利润是股东应得收入，并通过股票的市值反应出来。这种关系被称为价格利润比。价格利润比 P/E 是通过股票现行价格（P）除以每股利润（EPS）获得的（P/EPS）。较高的价格利润比表示企业的将来收益会增长，反之，较低的价格利润比表示企业将来收益的停滞。此比例的倒数（即 EPS/P）表示产量。股票价格（P）可通过公式 P=EPS* P/E 或者 P=EPS/Earning yield 来计算。

在计划收购时，价格利润比在受让人及其他人的决定中扮演了关键的作用：

1) 目标企业的价格利润比是出口比，越高意味着收购所要支付的金额越高。如果目标企业的出口比低于受让人的出口比，那么双方企业的股东都会受益。反之，如果目标企业的价格利润比高于受让人的并购，会导致 EPS 的弱化并影响股票价值。
2) 对于股票交易来说，一个企业可以通过购买一个价格利润比比自己企业低的企业来提高自己的 EPS，条件是，目标企业的收益以高于已有的资本化率的比例进行资本化。以上原则将在以下例子中进一步阐述：

例 1：

在表一中，左侧显示了企业的信息，为收购之前的 A（受让企业）和 T（目标企业）。A 以股票市场价值收购 T。后侧显示的是 A 收购 T 之后 A 和 T 每股结合后的信息。

股票交易币如下计算：
T 的市值=T 股份的数量*T 的股票价格
=5，000*15=$75,000
在 A 的现行估价为$20 每股的情况下，T 的股东会从 A 获得价值$75,000 的股份，也就是 75，000/20=3750 股份。
或者是，在 T 以$15 每股的价格出售给 A，那么交易比例则是 15+20=0.75，A 兑换 T 的每股的比例是 0.75.总计需要 3750 份 A 的股票（0.75*5，000）来收购 T。（股份的总额是 10，000+3750=13750）。

表一

	收购前		收购后
	受让方企业 A	目标企业 T	结合后 A+T
股票份额	10，000	5000	13750
总收益	100，000	50，000	150，000
EPS	10	10	10.91
每股价格（MPS）	20	15	

P/E 比	2：1	1.5：1（）	

这样，我们就可以计算出收购对于 A 的股东的影响了。基于结合后的企业的 EPS 为 10.91，结合后企业的股票价格可以通过将结合后的 EPS10.91 乘以 A 的 p/e 比 2：1 来实现，即 10.91*2=21.82。这明确显示 A 企业的股东获得了每股$1.82 的收益。

收购对于 T 的股东的影响也可以通过以下方式计算：

=T 股东的市场交易比例=15+20=0.75=新的 EPS0.75*10.91=8.182.

由于 EPS 已经降至 1.82 每股，所以目标企业的股东未能受益。A 的股东在收购中如原则 1 所示获得了收益。假设 T 企业要求$22 每股而不是$15 每股，那么价格是$22+20 或者对与 T 来说是 A 每股的 1.1 倍。总计 1.1*5，000 或者 5，500 股份需要发型，且结合后每股的收益为$1,50,000+15,500 或者$9.67。这显示了以 0.33 的比例收购 T 后对 EPS 的削弱。A 的收益比为 2：1，这表示由于目标企业的 PER 高于受让企业而导致的结合后企业股票价值的下降。

收益分析的缺陷

在上述例子中，是基于目标企业的收益以较高的 p/e 比进行资本化的基础上进行的短期回顾。如果降低该假设，A 和 T 增长的平均收益计算在内，股东的盈亏可通过以下方式计算：

增长的 A 和 T 组合后的平均收益=（2*10，000）+15，000+（1.5*5，000）+15，000=7/3+1/2=1.8

结合后企业的市场价值=10.91*1.8=19.64

以现有的（15+20）基础上的交易币即 0.75 计算，目标企业股东的市场价值为 0.75*19.64=14.63。这意味着即使是基于收益的增长的平均资本化比例，任何一方的股东都不会收益。

短期而言，获得的结果是基于现有收益，而这是不可靠的。企业的增长是通过未来收益显示出来的，若不将未来收益考虑在内，那么该股价是误导性的。因此，对于将来的收益预测对于一个公正的估价来说是必要的。此外，基于估价和应得财务关注，还有很多因素影响收益。

影响 P/E 比率的因素

以下因素影响了基于收益的估价.

1) 风险—高风险导致高收入及低价格利润比，反之亦然。
2) 非正常增长---较高的非正常增长引发低收益和高价格利润比，也就是说，这表示低风险的特性。
3) 收益的随机波动影响价格利润比，也就是说收益的下降导致股票价值的下降，进而引发价格利润比的上升。而收益的上升导致股票价格的上升，进而使得价格利润比下降。为了避免波动带来的影响，我们选择可持续收益，而不是现行收益。

基于资产的估价

相对于上市公司而言，非上市公司的基于资产的估价是以不同的基础运行的。资产的真实价值可能，也不可能通过股票的市场价值表现出来。你应当通过以下标准衡量非上市公司的资产：

1. 公允价值
2. 公开市值

公允价值

当企业的市场价值与其收益能力不相关的时候，这个标准可适用。公允价值代表股东的成比例的整个企业总价值的所有权。

公开市值

这指若果卖方愿意，财产公开与市场之上，可在合理时间内量化销售，且这段时间内秩序稳定无干扰的情况下，可通过谈判实现或达成交易的企业资产的价格。不可以这样销售的企业的价格则是通过贬值或者替代的成本来计算的。公司的每个资产的价格是基于转售流通的价格而非持续经营基本原理。像商誉之类的无形资产则是通过每个常规企业交易来评价的。

完成估价后，你需要提出报价，如果买方接受报价，你需要将各类文件准备好。这就是结算。一旦结算完成，你就是企业的主人了。

结算

在找到企业，完成尽职调查和估价之后，就是完成整个交易的结算部分了。卖方对企业了如指掌，因此更有优势，因此在结算之前的尽职调查期间找到越多的信息越好。一旦完成金钱的转账，哪怕是一个小错误都很难弥补了。当在固定时间各项条件都满足之后，交易就自动完成了。如果在固定时间内无法满足各项条件，则交易失败。

作为一个买家，结算是整个过程中你最期望发生的一步。结算意味着卖方合法的将企业的所有权转交了给你。从那一刻起，你就是这个企业的主人了。如果一切顺利，结算会在几分钟内完成。

计算一般是在买家律师的办公室完成的。所有的文件都签署好，买家将钱转交给卖方。

你的律师在准备和检查结算所需要的文件中扮演着重要的角色。因此，你需要雇用一个经验丰富的律师。所有文件中最重要的是购买合同。这是将企业转交给你的文件，并且将提供这个交易的条款与条件。

购买合同

购买合同是你与卖方之间履行的协议。该协议包括了此次交易的各项条款。这可能是你所要签署的跟此次交易有关的最重要的文件。你必须确保该协议是由你方律师起草的。即使你所购买的企业是个公司，企业业主应当是该协议的一方。确保所有出售的条目都在协议中列了出来。

如果你承担了任何债务或者接收了一个合同责任，确保这些在协议中已经分列了出来。记住，卖方会将他所知道的所有的债务都罗列出来，因为如果不列出来的话，你就不对其负有任何责任。

当你的律师起草协议时，确保设定了终止状况。这可以避免由你支付卖方未完成的债务。你也可以减少结算时所要支付的金额。总之，在终止签约中，买方的律师应当是第三者代理商。

一旦你决定了购买合同，你应当检查该交易。在合同签署之后，如果卖方不依照约定日期将企业转交的话，你可以起诉卖方。如果你无法按照合同要求支付购买金额的话，卖方也可以起诉你。如果截止日期前交易无法完成，则双方都不受法律约束。

购买合同最重要的部分是卖方的代表与特约条款。如果卖方回避代表与特约条款，这是违约。如果所陈述的一切并非真实，导致企业价值下降，你可以扣除未支付的那部分资金或者上诉要求追回已付金额。

租赁合同

若你所购买的资产的一部分是租赁的，那么必须确保该租赁关系也转交给你了。因为原始租赁关系是介于卖方和业主之间的。租赁合同是介于卖方、业主与你之间的一份合同。卖方需要将租赁关系转交给你，且业主需认可该转移。合同需要求三方共同签署。一般来说，业主会在签署该协议之前与你洽谈。业主可能会有其标准表格。如果没有，你的律师会为你准备一份。这相对来说还是比较简单的。确保你在结算日之间通知了业主。一般来说，业主是不会对你的租赁收费的，除非这是现金支付的。有时候，业主会反对该合同，而要求签署一份新的合同，并且对此收费。

业主需要对按时交付租金的保证。一些业主还会要求卖方仍然成为租赁关系的一部分来担保剩余租赁时间。在此情况下，你需要签署一份赞同卖方为担保的保证书。

本票

这是你与贷方签署的票据。贷方可能是卖方或者其他第三方。该票据是由贷方起草的。这是你偿还债务的个人担保。如果卖方是贷方，且你可能以个人名义签署，务必不要以个人资产与安全为担保。

你希望享有权利，而不是承担责任，在没有罚金的情况下与条约中之前支付完整的金额。结算日 30 到 180 天后开始支付，且在该月最后一天之前每月支付。

保留避免任何在结算时不了解的情况中发生的责任的权利。

竞业禁止协定

竞业禁止协定是防止卖方不以任何方式，如业主、员工、投资者或顾问等成为企业的竞争对手的协定。该协定必须由你方律师起草。这对于保护你的企业免受竞争危险是非常重要的。如果你的卖方以员工或者顾问或任何方式与你的竞争对手产生联系的话，这将终止此交易。

合作协议

该协议用于确保卖方在结算后与你方合作解决任何未支付账单与索赔等问题。甚至是在你成为企业所有人之后，还是有很多领域需要卖方的帮助。在处理现有员工与客户的关系时，你也会需要卖方的帮助。

搜索申请优先借权

这是证明所有的资产都如每个协议所示的清晰免费的文件。在必要的时候，需要签署优先借权作为从贷方使用的贷款的安全性。

在结算之前，保证你对企业的库存量很明了，且卖方会为你整理库存。从卖方处获取一切可取的东西。

成功结算后，企业就是你的了。恭喜。

落后企业

有时会你会遇到一些待售的落后企业。你应该因为他的问题而忽视它呢，还是好好看看这个企业？不是所有有问题的企业都是死企业。通过自己安排商业运转，它们还是可以变成正常企业的。

所以，你应该购买一个落后不良企业么？回答是，为什么不呢？

这个企业很落后，那么，情况就不会变的更糟糕了。你可以以最低价购得该企业。只要有一个井井有条的转机策略，你可以成功的将落后不良企业扭转成盈利的增长型企业，别且在合适的时候出手企业。但是，合作转型并不是每个人都可以做到的。

企业转型

有时会，你所并购或收购的企业状态不佳，并且可能是不良企业，连生存都存在问题。只有你方的及时干预才能够拯救这个企业。你需要尽你所能来对企业进行转型。

什么是公司转型？公司转型是指企业的经济财务命运的转变。在转型之前，企业处于低谷，且危在旦夕。经过转型，这都会成为过去，且企业会得到经济财务复苏。企业转型并不意味着企业会获得巨大的经济财务成功。这可能只是涉及到能被企业所有者所能接受的使企业存活的财务结果。

准备购买不良企业

购买不良企业时，你必须找到拯救企业的适当策略且已经准备待命。你必须着手准备情况调查。这是你进行公司转型的第一步。一旦所有的情况都收集好了，你需要诊断企业现存问题的范围与严重程度。

购买或兼并不良企业时，你需要确保该企业是否合法存在。接受企业处于困境的现实。如果需要转型，那么要立即执行。企业转型成功的关键是快速侦测及采取措施解决问题的能力。对企业所处的状况进行诊断分析。最大限度的将企业的严重程度形成于心。试着找到企业不良的原因，评估企业的优缺点。

扭转一个不良企业，你的首要任务必须明确，那就是扭转这个企业。你必须有扭转这个企业的目的，且明确你的目标，并且努力达成这些目标。有时候，你需要做出一些不是每个人都喜欢的艰难抉择。你必须准备好做出这样的决定。

成功的企业转型所需要的重要因素有：

1. 目的—应当具备目的与意愿。
2. 控制力与灵活性—如果你要自己进行扭转活动，你应当掌握绝对的控制权。如果你雇佣专业人士扭转，确保其有足够的灵活性。
3. 财务—财务对于转型非常重要。你必须要有足够的资金与资源进行转型。
4. 员工—员工在转型过程中起到了很大的作用。如果没有员工的支持，转型无法完成。你应当鼓励员工，并且获得他们对转型计划的支持。

财务

就像所有的交易一样，财务在转型中至关重要。你应到确保拥有足够的资金进行企业转型。如果缺少资金，你会被迫放弃转型计划。铭记三思而行。企业陷入困境的主要原因之一就是财务耗尽。你应当在寻找增加企业财政收入的同时减少财务消耗。

财务是所有企业的生命线。你必须尽早确定可操作的积极地现金流动。并且有现金执行转型程序。

精简

一般来说，转型的企业需要精简裁员。你应当核查企业创造主要销售额与利润的产品或服务。那些不创造利益的产品和服务则是企业的负担，必须去掉。

尽管裁员是很敏感的话题，但是在转型中是不可避免的。虽然这不是件讨人喜欢的事情，但是要实现企业转型，你必须去做。你需要做出艰难的抉择使得企业转型成功。裁掉那些对企业贡献少的员工。

知识资产

整体分析企业的运转模式，锁定那些能够创造收益的，被认可的符合你整个转型计划的产品，利润中心或业务部门。这些是知识资产而非物质资产，是众多成功的现代企业的隐藏驱动力，而且通常是技能、过程和知识的结合体。这些能够成为你取得竞争优势的武器，并且在很长一段时间内都有效力。

财务与库存

于所有企业一样，你需要分析企业过去五年的交易情况。你可以从损益表入手试着找到收支平衡点。

检查所有的销售趋势，确定导致企业衰落的因素。确定获得主要收入的产品与服务以及大部分产品的大客户们。

你必须检查过去五年的资产负债表以获得企业的财务优势与弱势。你还要评估资产的价值来核实他们的估价是否正确。检查应收账户是否与合同完工或企业持续运转相关。必须核实库存的精确度。你还需要核实这些是自己所有还是租借的，可出售的还是过时的。流动资产对于企业的成功转型极为重要。你的目标是从应收票据、库存、无形资产和固定资产中创造尽量多的流动资产。虽然收回应收款项很重要，你还需要注意不能损害与客户之间的关系。

查明哪些资产与库存是不必要的，并将其出售。这要用到资产负债表：

- 那些未付款或延缓付款的交易责任是否会影响持续供货？
- 如何处理过期应付款？
- 过期纳税义务是什么？
- 是否有偷税漏税的嫌疑？
- 抵押债务和租赁是否顺利或有问题？
- 抵押或租赁设备是否存在提前中止或回收的威胁？
- 哪些是得益于津贴计划的？
- 企业的偿债能力如何？
- 企业的资金流动困难有多大？

管理变更

你可能需要注意这一点，毕竟企业的管理在其衰败中占据了很大一部分原因。管理层是否正确的解读了市场信息并及时采取措施？如果是的话，企业不可能处在现在这样的困境之中。管理层可能不会接受这点，但是这是事实。那么你就要做出抉择了。你需要更新一部分领导班子，特别是那些你觉得会阻碍企业转型的人。管理层应当由那些能够帮助企业转型的合格的有能力的人组成。

生存方案

购买衰败企业时，这个企业应当是到达了最低点，任何进一步的衰落都会结束这个企业的生命。企业的生存已经受到了威胁。你应当立即采取方案阻止企业的进一步衰退。你应当有一个可用的生存方案。该方案应当包括财务、营销、重整债务的运作方法、提高周转资金、降低成本、提高预算活动、正确估价、精简生产线和提升高潜质产品。该计划应当能够克服企业生存中所面临的威胁。

与债权人周旋

债权人是企业转型的另一重要部分,如何与其周旋尤为重要。他们的支持对企业转型至关重要。你要从债权人处获得尽可能多的合作。与其交易,最好的政策是诚实,而不是虚假的借口。解释清楚你所面临的困难,且无法立即偿还债务。向债权人告知你的转型计划并且期望其合作。不要害怕债权人。他们不会对企业造成任何进一步的损害。企业的信用等级已经够低了的。但是,让他们相信你的转型计划并对你的能力有信心是很重要的。如果他们觉得你无法偿还债务或者对你的计划没有信心,他们会让你破产的。在与债权人讨论的时候,千万不要暴露你的其他债权人或供应商。一个不愿意支持你的债权人可能联合其他债权人使你破产。

现金支出

现金对于阻止企业进一步衰退至关重要,过度的现金支出对于企业可以是灾难性的。你必须严格控制企业资金收支。你必须明确所有的支付机制并且确保在你不知情或不同意的情况下不会出现任何现金支出。你要将此消息散播到员工中去,企业跟往常不一样了,过去的开支机制和资金项目都需要重新评估。

对企业及其现金支出的快速掌握至关重要。你必须决定会计与报告系统是否提供了运营企业所需要的管理报告所要求的必要数据,以及是否准确的记录了企业的交易和罗列了所有的资产与负债。

重组

包括资金流动在内的生存计划到位之后,你的首要任务就是重组企业。在你购买企业之前导致企业衰败的因素之一就是企业有一些不创收而消耗资源的部门。砍去这些部门,转而专注于能够创造最大收入的产品与服务的资源,并且使其效益最大化。

使得企业衰退的另一个可能因素是企业产品结构不正确。你的企业转型可能需要改变企业的产品结构。同时需要对产品重新进行市场定位。

转型过程通常涉及到执行一些事半功倍的计划与策略。因此,你不仅需要改变管理机制,还需要改变生产过程提高产量。政策与工序的改变非常复杂,并且要求对于产品、配送体系、人员审核和营业资产的详细了解。如果需要的话,雇用专业人士来执行。

策略性复核

记住,企业转型涉及到很多问题,你很容易顾此失彼。如果你想要企业转型成功的话,这是不可取的。你会遇到很多策略性挑战。你必须同时解决所有的问题,并实施策略性复核以生成新的策略来实现企业增长与积极现金流通。不要采用任何需要大量新现金流入的策略。记住,新的债务或权益流入在转型过程中都不一定是可用的。

市场营销

对于转型企业的产品进行有效地市场营销是很重要的。只有在卖出产品并卖的好的情况下,你才能够获得必要的现金流来进行转型。你必须准确定位市场,并退出其他市场。企业衰退的一个很常见的原因之一就是他们的市场营销计划是基于过时的或者推测的市场数据的。你必须仔细测量你所提供的产品或服务的现有需求量。评估市场大小以及企业的市场份额。找到增加企业市场份额的方法，并将其用于正确的资金与人力资源的分配。

企业的核心产品必须由增长趋势。这会给客户、债权人与投资者传递企业还有一个将来的信息。

沟通

在企业转型中，沟通的技巧非常重要。你必须说服每一个跟企业相关的人相信企业的紧迫性与变化的需求。而这都取决于你如何传递这个信息。你不应当通过发送企业末日就要到了的信息来传达企业需要改变的信息。你应当说服员工相信企业重组对于成功转型是必要的。他们应该相信你。

与客户沟通，并采取措施保持他们的业务是转型成功的关键。没有客户就没有企业。

在转型的前期，重点是修正问题防止进一步衰退与控制资金流动。这些完成之后，重心就转移到了保持良好的资产负债表以及包括开始新的市场营销计划、扩大业务范围、增加市场份额、开发新产品等策略性问题上来了。成功转型之后，你可以向经营其他公司一样经营你的企业，并开始投资扩大企业。

总结

对一个处于困境中的企业实行成功转型绝非易事。你需要时下所紧缺的一些品质，如技能、远见、和执着。所以，你听到的更多的是大部分企业都转型失败，而不是成功了。你可以从成功转型的企业中学到很多。

企业都是由人经营的。人非圣贤孰能无过，因此企业会出错也是正常的。但是，企业必须从错误中吸取经验教训并可以成功转型。

成功转型案例分析

西尔斯罗巴克公司

西尔斯罗巴克公司，也就是总所周知的西施公司是企业转型的一个成功典范。该公司曾是美国零售业的巨头，并秉承客户至上的观念。但是，对客户的忽略消耗了公司的盈利能力。它失去了重心并变得内部集中，失去了其不断改变的商业环境的联系。最终，它失去了客户，减少了市场份额，并面临着倒闭的危险。它曾有一个错误的多元化经营战略并进入了多个不相关的市场。它没有觉察到其核心竞争力所在的零售业的变化趋势。

但是，它还是将情况扭转了过来。不出所料，它通过重新关注客户实现了转型。它使其所有的运转都重新回归到客户上来。销售人员及销售环境都变得以客为尊，这使得其丢失的客户又回归了。

在扭转的努力中，它不在秉承它的全部交换全部的态度，确定了其核心部门并专注于此。它仔细调查了其竞争者并研究了市场趋势。为了将服务理念根植到员工中间，它开始对员工进行基于服务理念的评估。西施付出了努力并且实现了成功转型。

西施成功转型的原因是管理层意识到了家庭中的男人不再是他们的主要客户，其主要客户变成了女人。于是，西施的一切都开始反映这一事实。

英国玛莎百货

玛莎百货是英国的零售巨头之一。为了实现企业转型，玛莎百货创立了市场营销部门，其任务是发掘客户需求。所收集的数据被用来在基于客户要求的基础上发展库存。这也使得其降低了储存的浪费，因为所有的库存都是客户所要求的。

在转型过程中，玛莎百货重组了其企业结构和组织，并将企业分成三部分：英国零售，海外零售和财政服务。这使得每个业务的运转都更加高效，也使得问题能够被及时发现并解决。玛莎百货理解了从客户角度思考的重要性。它还改变了商店外貌，甚至开始网上销售。

IBM

一个企业的文化可以使其过于自满，而这也是失败的主要原因。此类公司如要转型，重要的是改变其文化。改变企业文化有时候就意味着必要的领导层的变动。IBM 是这类转型的典范。郭士纳改变了 IBM。当郭士纳接任 IBM 的 CEO 的时候，有大量眼界短浅的中层管理人员和经理。他做的第一件事情就是从组领导班子。同时也为 IBM 制订了改变由 IBM 的成功而产生的企业文化的策略。

郭士纳早期在美国运通工作的经验正好派上用场。在美国运通的时候，郭士纳授权收购 IBM 的产品，因此了解了客户的想法。

在他接管后，IBM 要求其管理人员共同合作将 IBM 变成一个以客户为中心的计算业务提供商。IBM 开始下调核心产品的价格以保持竞争力。通过改变其企业文化，IBM 成功克服困难实现转型。

兼并、收购与接收

除了直接从卖方手中购买现成企业之外，你还可以通过将你的企业与另外一个企业兼并而成为一个新企业的所有人。有时候，扩张你企业的最好方式不是简单的购买另一个企业，而是兼并与收购。如果你没有现成企业，你可以收购或接收一个现成企业而成为其所有人。

兼并

兼并是指两个或两个以上的公司合并成为一个公司，在这种情况下，只有一个公司会存在，而其他的都会消失。存活的企业同时获得了所兼并的公司的资产与债务。一般来说，存留下来的是那个保留身份的买家，而卖方则都消失了。兼并是两个或两个以上现成企业的融合。所有的资产、债务以及企业的库存都通过现金、股份、或两者结合的方式转让给了受让人企业。

收购

收购一般是指获得实物形式的所有权。在企业条款中，收购是指一个拥有控制产权的企业购买另一个现成企业的股本。收购可受以下因素影响：

1. 人和拥有主要产权的如董事会等的企业管理层之间或者拥有主要选举权的股东之间的协议。
2. 公开市场上对企业股份的收购。
3. 向股东大会提交接收出价。
4. 通过私人协议购买新股票。

接收也是收购，且两种方式的条款可对换。接收与兼并不同的是，企业重组的方式不同。也就是接收的程序，接受中所涉及的交易，股票交易或现金价值的决定以及组合的目的的执行都是与兼并不同的。接收的程序是单方的，且要约人决定最高价格。接收所花费的时间要少于兼并。

目的

一个企业提出收购另一个企业在不同的司法制度下有不同的叫法。多数司法制度中常用的有掠夺者、要约人、侵入者等。承让人企业则被称为受害者、受盘人、目标等。

你的企业收购另一个企业的目的取决于你现有企业的经营目标。需要决定通过收购所能达成的特定目的。一般收购的目的有：

1. 获取供应
   - 保证企业原材料或中介产品供应来源的安全
   - 通过打折、缩短运输费用和间接成本获取经济利益
   - 通过将原料标准化分享供应商经济利益
2. 翻新生产设备
   - 通过对工厂和资源的密集应用来实现生产设备的一体化以获取经济利益
   - 将产品规格标准化，提高产品质量、扩大市场，通过加强售后提高客户满意度
   - 从目标企业获得改进的生产技术与专业技能以降低成本、提高质量并通过制造有竞争力的产品来获得并提高市场份额
3. 市场的扩张与策略
   - 消除竞争并保护现有市场
   - 通过占有目标企业获取新的市场出口

- 获取新产品实现产品多样化或替代现有产品或扩大产品范围
- 使分布合理化，加强零售出口
- 降低广告成本并提高目标企业的公众形象

4. 财政实力
   - 为了提高资金流动性并直接获得现金资源
   - 处理过剩产品与过失资产
   - 提高融资能力
   - 利用税务优惠

5. 一般收益
   - 提高自身形象并引进高级管理人才
   - 提供更好的客户满意度

6. 个人发展计划

兼并类型

兼并或收购取决于企业想要通过购买所达成的目的。

同业合并

在同业合并中，你的企业与你要收购的企业是直接竞争关系且享用共同的生产线与市场。

纵向合并

在纵向合并中，你的企业与另一个企业是相互联系的。一方可能是另一方的供货商。

市场拓展合并

在市场拓展合并中，你的企业与另一个企业虽然有同一个产品但是出于不同的市场之后。通过这样的合并，你可以在另一个市场取得一席之地。

产品拓展合并

在产品拓展合并中，两个企业销售的产品虽然不同但是为同一市场上的相关产品。

联合大企业

在联合大企业合并中，你的企业与其他企业不会有太大的相同之处。

善意收购

当你通过谈判并获得了另一个企业所有者的赞同而收购该企业的时候，你的收购为善意收购。

恶意并购

你不向目标企业提出收购要求，违背该企业所有者的意愿的情况下，单方面无声的完成获取该企业控股权的收购为恶意并购。

在收购行动中一般有两个技巧。第一个是你通过购买该企业的股票获取其业务控制权以表达你要收购该公司的意图。另一种则是你直接在没有企业所有者的认可的情况下向股东直接提供报价。一般来说，这类报价都是由现金支付的。你可以通过让大量的股东以提供的价格将其股份转卖给你的方式控制企业。该要约应当是在一定时间内有效的，而股份应当在那段时间内就转到你的手中。

进行购并出价的步骤

首先记住，你的购并出价不一定会成功。目标企业会尽其一切所能来反抗你的投标。你必须系统的组织你的购并出价。以下是常用的步骤。

收集相关信息并分析

你应当尽可能收集目标企业的所有信息。收集好信息后，聘请律师、税务咨询师和会计师等专家完成数据分析。你可以秘密收集信息和分析。

核查股东资料

你应当核查股东的注册信息和他们的个人信息。你要分析找到那个股东会接受你的出价。

调查政府记录

你应当调查企业的政府记录，找到企业是否有产权负担、企业资产收费及债务。

公司章程

检查企业公司章程来明确企业管理人员与董事的权利。

公司代表

你必须确保你以及你的代表都是公司董事会的成员。并试图收拢另外一些董事，这样就能够进行善意收购了。

获得必要的支持

一些地区要求你在购并出价之前获得必要的法规支持。

发表声明

获得法规支持及所有必要信息后，你应当公布你的出价这样其他的股东才能知晓。你也可以改动你出价的条款。

受理情况

你的出价只会在限定时间内有效，而股东们要在这段时间内决定是接受还是拒绝。你一般需要定期发布你出价的受理情况，这样其他的股东就会知道哪些是支持你的出价的，并最终做出自己的决定。

约定金额

你应当向接受你的出价的股东分派目标企业的股票所值的金额。然后你需要将这些股份转至你的名下。

你的要约文件

提出要收购另一个企业的要约的时候，你的要约文件需要包含一些信息。这些信息的具体内容各个地区要求的不太一样，但是一般都会包括以下信息。

基本资料

关于你的企业、个人经历、继续经营另一个公司的意向、成功经营公司的能力、对现有员工的雇佣、在兼并或收购后要引进的主要变动的计划以及你要约的理由都应当包括在基本资料中。

财务信息

你必须公开你并购的资金来源。

要约条件

你应当说明，你会购买股份所带的所有置留、押记负担、提供的现金或其他形式的股份总额、付款方式、付款条件、要约时限、要约附加条件等。

你的企业信息

提供包括财务信息、股份、市值、企业状况等关于你的企业的详细信息、

预期收益与资产估值

你应当提供合理的前景并通过未来增长计划支持此前景。

目标企业的信息

你还要提供目标企业的现有持有股票和管理层的详情。

受理安排

你应当将所有你制定的将受理量化的安排都讲清楚，如证券报销协议、商业银行家的任命等。

锁定目标企业

你要决定的第一件事情是你的目标企业跟你是在一个行业内还是在另外一个完全不相关的行业内。

如果你的目标企业跟你的企业从事完全一样的活动，那么，你的目标应当是寻求产品和市场部门扩张，利用现有能力并优化资源利用的增长型并购。

如果目标企业跟你的企业无关，并购将会实现生产线的多元化，同时也暴露出了不良管理的风险，除非你采取了保护措施。

你决定了你的目的跟目标后，就应该着手选择特定类型的目标企业了。你可以直接计划搜索，或者通过业务经纪人和银行商业家等中介搜索。

如果你希望中介来帮你工作，你必须将中介的业绩记录、市场信誉、诚信、可靠性、管理与专业技能等相关信息调查清楚。

商业银行家在并购中的任务

商业银行家是在你与目标企业进行并购谈判的中介。商业银行家的专门领域是解决兼并和接收任务。他们的帮助对你和目标企业都是非常有用的。作为一个专业人士，商业银行家能够保证双方利益的安全。他们主要包括以下几个领域：

1. 考察业务规范性
2. 采取措施
3. 选择接收或兼并的方式
4. 财务分析

你的任务

在所有的步骤都完成,唯独只有文件书写的之前都应当对此交易严格保密,这样是为了避免其他方的干涉,避免股市的破坏性交易,防止内部交易,防止股东大会上代理人之间的争斗。

你不可以忽略任何的法律法规。同时也需要确保目标公司没有违反任何法律法规。

有时候,目标企业的违法行为会算到你的头上。

你还要为交易做好财务安排。

兼并前的调查

你或你的商业银行家应当在开始谈判之前对目标企业进行以下分析。

（1） 行业分析

行业分析应当包括收集行业的宏观信息并通过分析评估收购的获利前景:

- 业内及业外竞争
- 业内及业外竞争策略
- 与销售、利益相关的业内增长率:
  - 影响增长率的外部因素
  - 对未来的推测
- 业内已经发生的并购。如果有,结果是否是对企业的生存有利并保持了增长率。
- 业内竞争者及专利、商标、版权等的重要性。
- 成功的必要条件及市场壁垒。

（2） 会计与财务分析

必须从目标企业及行业搜集以下财务和会计信息形成比较观:

- 财务比率--- 比较
- 资产回报率或净值回报率
- 毛利
- 利润率
- 固定费用
- 估定比率
- 净速动比率
- 债务:产权比率
- 通胀率或其对经营的影响
- 现值
- 重置成本数据
- 未来资金需求
- 过往的资产负债表及损益账户
- 财务状况起诉书
- 未来预算及预测
- 买方及卖方报账的区别
- 债务准备、意外开支等
- 税务
  - 目标企业的税务状况
  - 未偿税务责任
  - 税务支付储备
  - 稽征机关报告

（3）　管理分析调查

收集涉及管理组织和劳资关系等信息。

- 询问目标企业的高层管理人员
- 查询业务往来
- 调查其背景
- 工会合同—罢工历史
    - 现有问题
    - 劳务合同
- 人事方案
- 储蓄计划及员工福利计划
- 永久雇员、年龄、资质及经验

（4）市场分析

收集的信息应当包括以下几个方面：

- 关于销售：生产与销售工厂
- 生产线的销售、利润及积压；月销售额；政府销售；市场营销组织；营销计划与预测—广告语销售宣传，竞争策略。
- 关于产品：主要产品/新产品开发/过期产品。产品生命周期及技术。
- 关于客户：客户态度/客户消费激励计划/研究
- 趋势：公司或行业，以及业内化的比较

（5）杂项信息

- 库存：通过低估价值来降低税务和隐藏的收入，高估库存价值（技术发展的退化，技术的改变或新产品）
- 诉讼---债务
- 起草财政报告—发掘战略
- 延缓研发开支，维修
    - 减少库存
    - 过低储量
    - 低估债务与账户回报率等
- 实施调查：
    - 未按照记录量可收的应收款项
    - 坏账与未入记录的现金回扣。
    - 未实现投资：记录下的非上市投资。
    - 私人公司的个人开支—削减净收入，误导信息
    - 未记录的债务：休假工资，售货退回，津贴。
    - 折扣，退休金负债，亏本合同的索赔项目，股息单
    - 不良财务控制、定价、成本计算
    - 缺乏主要客户
    - 海外运行：海外部门难以计算
    - 异常交易：销售资产以提高发展趋势
    - 税务减免

（6）　经济分析

与目标企业的运营不相关的方面应当依据下列条件专门调查：

- 竞争状况
- 商业周期

- 公众对接收的反应
- 政府政策等。

（7） 非资产负债表因素

这些因素没有在上述条目中涉及到，因此应该在以下分析中涉及：

- 证券市场的状况
- 要约报酬的性质，是现金要约还是证券交易要约

完成初级调查的清单

1. 目标企业的备忘录或公司章程。
2. 企业形成文件
3. 管理文件与协议
4. 贷与企业的主管和业主
5. 5年内及今年的审计决算
6. 五年内及未来五年的现金流及比例的分析
7. 近期估值报告
8. 五年内财务分析
9. 包括今年在内的五年内预算账户与管理账户
10. 包括生产力、工资等在内的五年内员工分析
11. 今年的生产成本，及对未来五年的预测
12. 未来五年内需要的资金
13. 未来五年内财政预测
14. 折旧政策
15. 生产—产品、计划分布、生产技术
16. 销售—市场份额、企业形象

并购方式的选择

基于所获取的目标企业的信息以及你可适用的资源，你可以选择以下任何一种方式进行并购：

a) 现金购买目标企业的股份或资产

你可以对全部或部分上市资产以出价的方式，直接通过股东或股票交易市场，以现金支付的方式进行并购。你也可以通过使自己或自己的代表拥有足够的新股份的方式来获取对目标公司的控制权。另外，你也可以通过现金的方式购买目标企业的资产来实现。现金可以是现钞、债券或者不可转换公司债券。

包括英国在内的大部分地区，通用的规则是目标企业内至少 90%的股东会以规定价格在规定时间内接受出价。

b) 交换股份或其他证券进行并购

你可以就目标企业所有的上市股份价值进行出价。交换目标企业的股份时，你必须向股东提供你企业的股份。跟现金支付相似，在大部分地区要有不少于 90%的股东接受交换，此为必须条件。目标企业的股东会成为你的企业的股东。

交割

你的商业银行将会为你准备必要的安排与清单文件来结束交易。在交割时，你必须将以下几

点铭记于心：

1. 对于现金交易，证书或信件的内容形式必须由你方及目标企业方签署。

2. 对于资产交易，应当为最终成型起草各类文件，如抵押证券、协议、转移地产等不动产的契据、在租赁等情况下需要签署的转让协议以及其他需要签署的协议等。

3. 精简或失业补助等结算凭证。

4. 从目标企业账户向你的账户进行存款划拨的文件。

5. 在交易完成后发放告慰函，这必须确保所有的程序都已经附带说清楚了。

协同效益

综合协同对于任何成功的并购都是非常重要的。对于每个完成的并购，必须创建协同合作来到达预定的成功。双方企业的管理人员或所有人应当努力融合双方的企业特长、资源、以及产品，使之成为一个单一的、天衣无缝的企业进行运作。要实现协同，你需要高效的整合资产、运作模式以及组合后的企业员工。这需要你付出非常大的努力。千万不要低估那些可以帮助你整合的问题的重要程度。你必须在并购前做好一切的整合计划。如果你无法对企业进行整合，这将使并购成功更为艰难。

如果要创立协同、提高股东价值及企业竞争力，你必须对企业的线性运作模式进行合理的整合。整合过程的一个主要目标就是揭露出会阻碍组合后的企业创造竞争力优势和价值的潜在问题，并决定能够防止其他整合相关的问题的解决方法。如果你无法对问题做出快速反应来整合企业，你会毁坏该企业最初想要创立的价值。

你的企业及目标企业的员工在整合中扮演了非常重要的角色。你必须牢记，两个公司的员工各有其不同的公司文化与理念，如果你不够谨慎的话，双方之间的文化与理念之间会发生摩擦。目标企业的员工会由于其感受到的敌意而不得不放弃其原有的文化与理念，同时也会降低其对公司的投入与合作，而新员工的投入与合作对并购的成功非常重要。此敌意最终可能会在你的企业员工与目标企业员工之间导致"我们和他们"这样的对立局面，这对并购极其不利。

如果对目标企业的补偿低于对自己企业的补偿，员工会对补偿拥有不太切合实际的过高的提升的期望。如果目标企业的补偿低，员工会通过别的方式寻求同等补偿。

你必须明确企业交流策略。一个明确的交流策略在消除员工恐惧心理及扼杀企业内部流言方面扮演了重要的角色。你必须与员工交流。要使你的交流策略成功，你需要将目标企业的高级管理层以及其他员工信任的人，比如说工会领导等人都牵涉进来。

运作

你可以通过有效地匹配双方的组织能力来实现协同。而这可以通过无数种方式实现。如果你整合的两个企业为同一行业的同位强势或弱势企业的话，通过创立协同来创造行业竞争优势增加股东价值的几率就比较有限了。你的企业可能会拥有同样的优势或劣势。你可以整合新建立公司的机能活动，这可以通过规模经济来实现协同。

研发

你可以通过研发与技术部门实现协同。你可以将与研发过程及主要科技有关的活动联系起来。

市场

你可以通过将商标、分布、广告等不同的相关活动的市场联系起来实现成功协同。在尝试通过这种方法实现协同的时候，你必须要足够的以客户为中心。避免将产品交叉出售给客户。你也可以合并并分享销售队伍。

组织

如果两个企业有类似的管理流程、文化、企业系统与结构，你可以实现组织性协同。要实现组织性协同，你必须确保两个企业拥有同等高度的竞争力。竞争力的存在可以促使更快、更高效、更高质的实现预期结果。

实现协同之后，你可以从协同中获取的利益必须超过实现探究协同时所付出的开支。

协同的创立对并购的成功很重要。协同的创立提高了一次并购行为能够完善新企业的竞争优势以及为所有人特别是股东创造价值的可能性。

你必须牢记，行业内部发生的事情可以影响并购的过程及成功与否。你应当在企业的能力、核心竞争力及机遇方面评估该影响。如果整个行业内并购活动活跃，在确定目标企业之前，你应当小心谨慎并细致的进行选择。

你应当检查与其他企业可用的机遇相比之下，通过并购及创造协同所创造的提高企业财富的机遇。并购时在复杂的全球化经济下实现竞争的另一种方式。因此，在与其他可用方法的对比下，你必须评估这个并购策略机遇所要求的付出。

交谈在并购中创造协同中非常重要。在协同创立的谈判过程中，你需要进行广泛而仔细的交谈。在你最终确定并购前，要确保各方都对能够创立的协同的类型以及快速有效实现此类协同所需要的行动都很了解。

如果你去浏览下 的成功的并购，你会发现，大部分的成功案例都是拥有协同基础的。

在评估你的企业与目标企业进行协同时所用的可能的资源时，你应当努力避免狂妄自大。协同是难以捉摸的结局。要创立协同，你必须积极管理组织过程。你只能通过深思熟虑投入与行动来实现协同。协同不会偶然发生。

有时，也可以通过裁员来实现协同。但是，裁员这个话题过于敏感。在评估可能的工作精简过程中，你需要非常的谨慎明智。如果你精简掉过多的职位，可能会导致你缺乏知识竞争力，而这又是长期效益所必须的。

通过并购实现增长

如果你希望你的企业通过并购实现增长，你需要决定你要成为一个积极受让人还是偶然受让人。

如果你是一个偶然受让人，只考虑那些表现出高度积极机遇的并购。避免积极纠缠并购。你应当关注于如创新、内部运营等管理问题。如果你觉得某个目标企业非常合适，你比学充分利用并购专家。这回帮助你减少并购过程中可能会犯的错误，也会帮助你实现成功并购。

另一方面，如果你是一个积极受让人，考虑购买那些与你已经购买的企业策略相类似的企业。你可以使用之前并购中的所有知识与经验。他们的相关度较高。在商业中，行业相似度有助于学习。

你应当从别的企业，特别是你的竞争对手的并购中学习。你个人联系以及各类商业杂志会为你提供大量有价值的信息。

对并购过程提供有形及无形支持是非常重要的。你必须在深思熟虑后实行并购步骤。你必须记录、管理、使用并购有关的所有信息。你必须分配一个并购专家小组，他们涉及到了你所有的并购活动。这会保证每次并购所积攒的经验都能够用到将来的并购中去。你应当将并购专家视为一个有价值的组织性资源，并且，你应当鼓励该小组继续成为你公司的一部分。

记住，即使你遵循了成功并购所需要的每一个步骤，仍然无法确保你的行为会最终实现像通用电气一样的成功并购表现。但是，这些步骤的方向是正确的。

通过并购实现转型的企业是否存在风险？

2001 年时信息技术行业销售及收入的低迷期，很多高科技企业都被迫缩减其工厂。两大计算机制造企业：康柏和惠普同样也面临了收益下降、产品需求降低的问题。这两个企业决定并购，并在产品与运作中创立协同。在并购下，这两个公司成功的制止了企业下滑，并更好的管理了其企业。现在并购实体是的戴尔成为美国第一大电脑公司。

并购经验

通用电气公司（GE）

或许通用电气金融服务公司是通过并购实现增长的最佳案例。通用电气通过并购成功实现了整合并且创造了核心竞争力。通用电气金融服务公司是一个拥有 27 个独立企业的金融集团，旗下拥有超过 50000 员工，遍布全球，其业务范围分布广泛，从自有品牌信用卡服务、商业房地产资助到有轨车及飞机的制造。它成功的使用并购整合竞争优势这一方式来实现持续增长。通用电气的整合过程在并购完成之前就已经开始，并且持续贯穿整个同化过程。

通用电气已经创立了一个从金融服务到航空航天领域的广阔的投资组合。通用电气是最活跃的并购受让人之一。事实上，每年，GE 会进行多大 47 个并购。其中包括马奎特医药系统和 Kemper 保险公司。GE 在过去几年中创立了令人羡慕的金融成就。这主要是因为 GE 已经经历了如此多的并购，其管理层拥有非常丰富的经验，并且拥有了能够使其更好的专业特长。

GE 的前任 CEO 杰克韦尔奇说，GE 的动力室获取合适的企业、找到增长的企业、获得能够使改革迅速见效敬尽可能从投资中获取效益的组织。GE 的购买与后续欧洲保险公司的整合显示了其在并购领域的技能与专业。GE 购买并对其 GE 金融集团增加雇主再保险公司。雇主再保险公司向全球化的转变时通过一些列的像 Frankona 和 Aachen 等欧洲并购完成的。GE 雇佣欧洲人作为雇主再保险公司公司的主席，使得欧洲企业与母公司实现同化。GE 也雇佣了其他欧洲人实现欧洲企业的整合。

GE 也意识到，对欧洲企业的命名非常重要，并且将欧洲公司一致命名为 ERC Frankona。ERC 标志着其国际化象征，而 Frankona 则象征其欧洲传统。尽管 GE 雇佣了当地的管理人员并允许其采取一个成功的整合所需要的所有行为，GE 还是会进行定期检查。

Zeneca 和 Astra 公司

很多专家将英国医药巨头 Zeneca 和瑞典公司 Astra 的并购视为平等并购，并将其作为没有协同的交易的案例。此并购在两个方面缺乏协同：研发与管理技能。尽管并购实现了两个企业的规模化经济，专家认为这并没解决要将双方的中期产品管道需要替换在 21 世纪初就决定要取消的大型药物。

格林韦德和费亚泰克公司

英国的格林韦德公司现在是世界领先的塑料管系统企业。其通过并购德国费亚泰克公司来巩固其市场地位。这是格林韦德进行的最大的一次并购。专家认为，格林韦德一下子成为了此领域的世界巨头。除了为格林韦德公司在德国创立坚实市场之外，此次并购还使得格林韦德公司能够探索如天然气、淡水及废水领域的新业务。格林韦德公司能够通过将双方的采购职能结合起来并整合一些制造手法来实现协同。

罗门哈斯公司和莫顿国际公司

美国费城的医药制造商罗门哈斯公司一直追求通过并购策略来增长收入并提升财务表现。罗门哈斯公司制造颜料、洗发精及半导体中用到的化学物质。为了实现其目标，罗门哈斯以 46 亿美元的价格购买了莫顿国际公司。其目标企业莫顿国际以盐业著称，同时也生产多功能化学物质，其中包括用于晶报纸变白的漂白剂硼氢化钠。莫顿国际制造的化学制剂也用于提高终端产品的品质与性能。莫顿国际和罗门哈斯的技术及科技能力的整合将罗门哈斯的技术平台从其缘由的丙烯酸化学和电子材料领域进行了延伸，添加了尿烷、粉末涂料、塑料汽车涂料以及无机化学专长。

NEBS 和 McBee 公司

1998 年，NEBS 从 ROMO 集团收购了 McBee 系统公司和加拿大 McBee 系统。此次并购的主要原因是由于目标企业的销售力量。将目标企业的销售力量与现存销售力量整合起来实现了通过允许 NEBS 与小型企业建立个人销售关系的协同。NEBS 在直接邮寄广告的客户关系中占据了竞争力优势。将此优势与目标企业的个人销售关系竞争优势协同起来会创造大量价值。

出售你的企业

出售你的企业可能是你所作的最重要的财务交易。这也是非常的困难的,因为你已经花费了数年将你的企业经营成现在的样子。并且,除非你之前卖掉过别的企业,你是没有经验 可循的。

非常重要的一点是,在你出售你的企业之前,你应当仔细的评估你你这么做的原因。你必须从企业所有人的角度审视你的目的以及企业的目的。很有可能其他人会受到你做出的决定的影响。这些人包括你的亲人、员工和管理层。

你可以通过多种方式出售你的企业。你可以像很多企业一样通过同行买卖或者私募股权购买者来出售你的企业。

出售选择

在出售你的企业时,你有多种出售选择:

部分或全部出售

你可以将整个企业出售 ,也可以出售其一部分。有时候,买方会希望你这个卖方对企业拥有部分所有权,并继续经营公司,这样他们就能确保企业能够运转良好。

资产出售

你可以选择另一个方式就是将设备、知识产权或客户清单出售而不是将这个企业本身出售。有时候,买方会觉得这更有吸引力,尤其是那些不希望接管你企业的债务与责任的买家。在这类销售中,你剩下的是销售中不包括的那些资产及债务。

付款

在销售完成后,你可通过以下方式获得报酬:

1. 全额付款,或
2. 分期付款。

买方必然倾向于分期付款。但是,接受分期付款可能对你不利。一旦买方违约,你就会遇到风险。

如何成功出售

在销售你的企业时,最重要的是要有一个买家,这个人愿意并且准备为你的企业掏钱。同时,你也要确定能够让你的买家信服的购买你的企业的原因。如果你无法列出这些原因,你可能无法找到买家。

你必须确定你的企业是正常的,并且盈利的。如果不是,你的买家可能不会提出你想要的价格,而且有可能以处理价购买你的企业。

你应当提前计划出售你的企业,这样你就有时间修正你的企业,使其对潜在买家来说尽可能的有吸引力。同时,建议你在出售之前进行初级评估。

把握时机

在合适的时机出售你的企业这点很重要。这对你能够从中获得的价格有着重大的影响。

经济的总体概况是关键。同时,你的企业所处的行业的概况也很重要。买方更愿意在自己的企业运转良好的时候收购你的企业。利率及银行信贷措施也很重要。你应当在利益增长且有继续增长的趋势的情况下出售你的企业。税收结果以及任何即将实施的税务政策都会对出售的合适时间的决定有影响。

选择你的出售顾问

在企业出售中，你的顾问扮演了非常重要的角色，并且会对买卖的成功与否带来很大影响。有效销售要求经验丰富的顾问。你需要下列专家的服务：

会计

律师

会计会帮助你料理财务方面并进行账户筹备，律师会处理法律问题。你可能还需要一个税务专家来负责税务问题并处理企业及个人税务计划。一个好的顾问小组会管理整个销售过程，而你则可以关注与企业的运营。

在你雇佣顾问之前，你必须审核这些顾问的技能与专长。他们要拥有丰富的成功销售类似企业的经验，并且应当能够为你提供参考。另外，你应当能够舒适的与他们相处。在你雇佣他们之前，要决定费用。没有人会免费为你工作的。试图商量出一个成功价格作为他们的报酬，这样一旦没有达到的目标价格时，你就可以降低报酬。

你可能已经有了一支顾问小组，但是，在销售你的企业的整个过程中最重要的那个人是买家。你要细心的与买家 交流，并使其信服你所期望的价格是你企业的真正价值，并且你的企业就是他正在寻找的企业。

买家

你的理想买家应当是与你的现行企业没有竞争关系，且在购买后对你的威胁最小，而且会就你的企业开出最好的价格。既然你可能在交易完成后需要在转型期为期工作，你能否与买家处得来这点也就很重要了。

与买家谈判

谈判应当保密。不要让你的客户、供应商和员工发现企业的转接就在眼前。

如果你决定你再也不想考虑这个企业了，也不再想要重新进入这个企业，你应当尽量坚持全额现金交易。如果你这样做，无疑你必须接受一个较低的价格。但是，就算你就算你以现金将企业出售，这样不能说你已经永远的脱离这个企业了。在这个过程中，你可能已经个人担保了企业的一些债务或者将你的个人资产作为这些债务的担保。即使买方同意承担这些债务，买方的承担也无法让你摆脱。你应当努力获取租赁方的同意，将债务关系转移至你的买方。如果租赁方拒绝（如果买家的信用没有你好的话，租赁方很有可能拒绝），你应当要求在结束前将那些你个人承担的债务偿清。你应当确保在结束时，所有的支票都已经发放给了买家，还包括租赁方返还本票并标明"付清"。如果不这么做，你很有可能会由于买家在本票上做文章而遭受意外损失。

购买合同的大部分规定都是对买家有利的，而不是对卖家。毕竟，在卖家经营企业的时候，买家不在，因此要受到保护。大部分陈述及保证条款都是倾向于买家的。但是，交易中有一个方面买家必须非常小心：本票后的抵押。如果本票没有偿还，你可以起诉买方。但是如果买方无法支付本票，就算是胜诉了，对你也没有多大好处。如果买方破产，你没法起诉。你所受到的抵押是保证你如果本票未偿还的话，你至少能够得到一点东西。在讨论抵押的时候，你要非常小心，非常坚定。

如果你出售了企业的库存，至少确保获得了你所出售的股份的抵押权益。这可以防止买家在未经你允许的情况下出售股份。如果买方要重新出售股份，你有权坚定买家的买家，来确保任何新的所有者能够支付本票。获取股份的抵押权益意味着尽管你已经出售了股份，你是以股份认购书的方式结束交易的，而不是买家。买家只有在完全支付本票之后才能够收到证书并完全拥有股份。你的律师应当与政府秘书或国家记账员起草财务报告。这会给任何可能的买家提醒，在你的本票付清之前，该股份不得出售。

即使你有了股份抵押权益，可以防止付清之前就转卖，买方仍然控制着企业。让我们假定，100 股代表企业股份的 100%，你拥有这些股份的抵押权益，并且结束时拥有证书。有什么能够阻止买方在结束后进行转型并像自己发行 1000 万股份？在这种情况下，你的 100 股仅仅代表了所有未偿股份的一小部分。没有什么可以阻止这种情况的发生。除非你的律师在购买协议中添加了防止买家这么做的反摊薄条款。

获取企业的股份抵押权益一点都不够。这无法阻止买家部分或大批量转卖企业资产，将企业变成一个空壳而使得股份毫无价值。至少，你应当保留企业资产的抵押权益，并与政府秘书或国家记账员记录财务报告。你的抵押权益应当不仅与你出售的资产联系起来，还应当与任何重置资产（其后取得的财产）。如果买家出售一台机器（因为你对此有抵押权益，只有在你的允许下才能出售），你应当对其重置机器拥有抵押权益。在企业的应收账款中保护好包括抵押权益在内的资产。如果买方无法支付本票，你可以重新介入并收集这些应收账款。

获取企业股份和企业资产的抵押权益是相对标准的。买方应当不会强烈反对。更困难的是获取买方个人资产的抵押权益，也就是买方房子的抵押权益。根据你出售的企业的类型，买方的个人资产可能是你主要的或者唯一的保证。

在销售中千万不要自大。所有的买家都会检查企业的弱点。不要把这私人化。他们这样做是为了保护自己。如果你想要开始谈判，你应当放弃你的个人感受。你越快进入状态，这真正的谈判开始的越早，你就可以获得最好的交易。你的企业的最佳交易可能不是你的最佳交易。将这两点分离开来，你成功的可能性就更大了。

文件

所有的买家都会朝前看。运用你的后见之明与专业特长来帮助买家来看到企业的乐观前景。你可靠的财务报告及账簿可以起到很大作用。以这种方式将你的企业呈献给别人可以帮助他们了解你的企业是一个非常可行的交易。你应当将你的的企业政策或流程形式化。越早对你销售时越有利。销售之前的任何没有形式化的文件都会让买方生疑。重要的企业文件 包括：

1. 员工政策手则：假期政策、病假、保险、加班政策等
2. 包括详细的关于企业的各类任务的操作手则
3. 客户协议
4. 现行章程及于政府起草的公司条例
5. 各个重大决定的记录
6. 全部的税务申报单

确保所有的文件都是最新的。任何的欺诈行为都会导致诚信问题，并最终为销售带来问题。要尽量的诚实。

正式谈判

在买方检查了你的文件后就会开始正式谈判。买方会尽其所能来获取最低价格。准备好迎接大量的谈判与争论。千万要冷静。买方会显得非常的顽固、不公和不现实。

你需要反复检查一些列的冗长的协议草案，并且谈判会显得漫无尽头。有时候你需要灵活一点，并根据情况改变你的目标。

如之前所说，不要把任何事情私人化。

耐心

完成谈判并不是表示交易结束。买方会对你的企业进行尽职调查，就像你购买企业时所作的那样。各个企业的尽职调查的时间长短不一。只有当买方完全满意之后，他才会购买你的企业。

总结

是否每一个人都可以成功使用书中所列的方法？我们可以用另外一种更简单的方式回答这个问题。有没有人成功购买了一个不良企业并通过并购实现成功转型？

回答是：Laxmi Mittal。

谁是 Laxmi Mittal？

直到 20 世纪 90 年代中期，Laxmi Mittal 还只是一个不知名的印度商人。甚至在印度都没有几个人直到他。Mittal 的家族从事钢铁行业。现在 Mittal 是世界上最大的钢铁生产商之一。最近他收购了一家英荷钢铁巨头阿赛洛（Arcelor）。

Laxmi Mittal 是如何在短短几年内从一个不知名的商人成为世界最大的钢铁生产商之一呢？简单！他只是购买了世界各地的不良钢铁企业并将它们成功转型。他购买了欧洲以及世界其他地方的一些最大的不良钢铁公司。接着对这些公司进行了必要的改革并转型。他就这样扩大自己的企业，并最终收购了阿赛洛公司。现在，他的商业王国覆盖了整个世界而且 Laxmi Mittal 成了全球最大钢铁生产商。我们从 Laxmi Mittal 的经验中得出的结论就是这本书所讲述的。他会购买不良企业，将其转型，现在又收购了另外的大企业来扩大自己的企业版图。

Laxmi Mittal 使用了书中所列的策略。他购买了现有企业，在很多情况下是不良企业，并将其转型。最终，他拥有足够的资金来并购其竞争对手阿赛洛并成为世界上最大的钢铁生产商。这恰恰证明了，只要遵循正确的计划于策略，任何人都能够取得同样的成就。

文件样本

草约

买方姓名

买方地址

日期

关于：购买＿＿＿＿＿＿＿＿＿＿＿＿＿＿＿（企业名称）

此草约包括我购买＿＿＿＿＿＿＿＿（企业名称）的要约，包括其所有资产、债务、商业机遇与企业名称。

根据你的接受，我们会全力投入制定购买协议，基于下列条款，并在＿＿＿＿＿＿＿（结束日期）之前完成购买：

1. 购买价格。总价为$＿＿＿＿＿＿＿＿,使用下列方式支付：

（插入支付方式：第三方托管、分期期数等）

2. 意外准备。交易的完成因下列情况而定。（1）完全完成尽职调查并满意后完成，（2）现有房屋租赁的分配，和（3）双方律师的复审和批准。购买协议会包含常规的陈述以及与财务报告、企业状况、诉讼规避等在内的相关特约条款。

3. 尽职调查。在你接受此草约后，由律师、会计师和税务专家组成的我方专家小组将会审查企业的账簿、企业运作及记录。未经你允许，我们不会联系你的房屋租赁方、供应商、客户或员工，而这不应当无理压制。如果销售没有在＿＿＿＿＿＿＿＿（结束日期）之前完成，任何与企业相关的由我提供的信息或以我名义执行的行动都应严格保密且不得公开。也不会以竞争或任何方式对你造成任何损害。无论是否进入购买协议阶段，此协议都对你有制约力。

4. 保密。直到交易完成，或直到＿＿＿＿＿＿＿（结束日期），你据此同意，在没有允许的情况下，不想任何一方写略此草约的存在或者企业出售的发生。

请签署此草约的复印文件表示你接受此草约，并将其邮寄至我地址。

此致，

＿＿＿＿＿＿＿＿＿＿＿

接受于：＿＿＿＿＿＿＿＿＿＿＿＿＿＿＿（卖方签名）

购买协议

此协议立于_____（日期），由_____（姓名）和位于_____（市、省）_____
（他/她/它的）总部（买方），以及_____（市、省）的_____（姓名）（卖方）。

条款 1
购销

1.01.　基于此协议中包含的双方协定与条件，基于制定的以下条款、条件、特约条款及陈述，卖方同意卖给买方，且买方同意从卖方购买：

（a）　此企业有卖方所有，以_____名字，位于_____（地址）（"该企业"）；

（b）　交易中的所有股份、库存及企业的商品都已在此协议的附件 A 中描述清楚；

（c）　所有固定装置、设备以及企业的其他无形资产都在附件 B 中；

（d）　包括所有由卖方拥有的企业所处的房屋租赁的租赁权益；和

（e）　企业的所有交易、企业名称、信誉和其他有形及无形资产。

条款 2
购买价格总量

2.01.　由买方就协议中（"购买价格"）所描述的所有的资产、财产及企业权力向卖方支付的总购买价格为$_____。

2.02.　购买价格按以下方式分配：

$_____库存

$_____ 固定设备

$_____ 信誉、商标机其他无形资产

$_____ 租赁物的改良

$_____ 非竞业规定

总计：$_____。

条款 3
购买价格的支付

3.01.　购买总价应当按以下方式支付：

（a）$_____ 已经由买方支付给卖方；

（b）$_____的金额通过、现金、银行支票或等价物，在协议签署时支付；

（c）购买价格余额应由买方以邮寄的方式寄给卖方，邮寄的应当是由买方制定的以附件 C 的形式，价值$_____的支持卖方的银行本票，这需要包括至执行之日起_____利息每年的利益，并以$_____ 每月支付的形式支付。此本票应当由基于企业资产的抵押权益报告也。

条款 4
结束

4.01.　交易的结束与企业的购买（"结束"）应当在_____（日期）日或之前，在位于_____（地址）的_____律师事务所签署，或者其他各方书面协议规定的地点与日期。

4.02.　结束时，卖方应当：

（a）　将所有此协议中包括的资产的清楚的可销售的名称与所有权转让给买方；

（b）　执行此协议的附件 D：买卖契约；

（c）　执行任何完成此协议所必须的文件。

4.03.　结束时，买方应当：

（a）　支付欠与卖方的所有剩余金额；并且

（b）　执行任何完成此协议所必须的文件。

条款 5
卖方的说明、特约条款、约定事项和协议

5.01. 卖方向买方同意、保证、并代表：

（a）买方之前检查的企业财务记录包括了全部的完整的记录，并且包含了其所所有的财务账目，并且真实的记录了自检查之日起，企业所有的债务、资产以及其他与企业的财政或财务状况相关的其他事件。此外，自交易预计日起，没有对企业的财务状况进行任何材料改变；

（b）卖方是此企业的合法所有者，并且有权将其出售。在签署此协议时，除了企业财务报告中由买方所核实之外的任何现存索赔、契约、利益或置留权；

（c）除了协议中的财务报告描述并由买方审查的内容外，卖方没有任何亏欠责任，并没有签署的能够影响企业的债务合同，或者若此协议中描述的会影响购销的情形，以及任何没有向买方公布的内容；

（e）没有应付税务或卖方运营公司时欠下的失业补偿、缴扣税款、社会保障税、营业税、私人财产税、专利税、所得税以及其他任何性质的税务；

（f）结束时未到期的或亏欠的账户仍应当是卖方的责任，且由卖方按期支付；

（g）没有任何现有或持续的、合法的、公正的、行政的通过仲裁的诉讼或其他，包括但不限于：法律诉讼，员工、客户和卖主的索赔与争议等。不存在此类未解决的或者会影响企业，资产的购买，协议所描述购销行为的完成的情况；

（h）卖方同意赔偿并使得买方完全不受任何及所有索赔、起诉理由、损坏、债务等的伤害，还包括结束之前所发生的任何诉讼所引发的诉讼费都不由买方承担；

（i）根据此协议所销售的机械设备都是良好可作者的；并且

（j）卖方应当向买方提供为期_____周的关于企业运作的全职培训。

条款 6
买方的说明、特约条款及协议

6.01. 买方向卖方同意、保证并说明，买方会及时向所有的权威机构、供应商、债权人、及/或其他组织通知声明，买方现在将会为企业运转相关的所有责任负责，包括并不限于扣缴税款、社会保障税、失业补偿、工资以及结束后发生的购买行为，并且买方特别同意承担结束后的所有责任。

条款 7
符合整批出售法律

7.01. 结束时，卖方会将企业现存债权人的名单。

7.02. 由于此名单，卖方和买方同意在_____[州]整批出售法律规定范围内，不要求也不需要将通知发放给债权人，名单上所列的债权人除外。

7.03. 任何债务，除非此协议中提到，均有卖方单方面承担，且卖方需要保护买方使其免受任何损失、开支、损害或债务，其中包括买方可能会遇到或可能会承担的由于不遵守整批出售法律而导致的诉讼费。

条款 8
商标、电话、邮箱

8.01. 卖方转交给买方对商标、名称的专有使用权，且买方同意不允许或准许其他机构在_____州内，使用该名称，或类似名称。

8.02. 卖方同意允许买方使用企业电话号码、现有广告安排，包括"黄页宣传"。如果企业有现有的邮寄地址的邮箱的话，也包括在内。

条款 9
账簿与记录的交付

9.01. 所有的账簿、记录、档案、文件及票据，包括客户名单及企业运行中或相关的客

户账户的记录，都应当在结束时转交邮寄给买方。

9.02. 所有的账簿、记录、档案、文件及票据都应当在合理时间出于合理原因，被卖方使用，且在结束之前，卖方享有自由检查复制所有此类材料的权利。

条款 10
债务免除

10.01. 除非此协议中描述，在结束之前由卖方产生的债务与责任不由买方承担，而是继续由卖方承当，且仅有卖方单方面承担。

10.02. 如果买方在结束后被要求支付由卖方在结束之前产生的任何有效置留权、债务或开支，卖方有权通过买方亏欠与卖方的任何付款中将有卖方支付的本应由卖方支付的合法的置留权、债务或开支扣除。

条款 11
卖方补偿

11.01. 买方会补偿并使卖方及其资产免受任何结束后与企业运行相关的或由其产生的任何及所有索赔、损失、损害、伤害与债务的损害。

条款 12
违约

12.01. 在双方执行此协议后，如果任何一方无法执行其相应的责任和义务或者违反此协议的特约条款或契约时，构成违约。

12.02. 在一方违约的情况下，买方或卖方应当有权就已特定表现上诉或就此协议或附件中所涉及的补充的损害上诉。在违约案件中，由胜诉方支付相应律师费。

条款 13
成本与费用

13.01. 以此协议预设的方式在购销收尾过程中产生的协议中所涵盖的成本与费用应当由卖方与买方按以下方式支付：

（a） 买卖双方同意共同雇佣一名律师来准备结束文件，且双方拥有多文件准备过程中所产生的律师费用与开支的相同责任。此金额应当在结束时结清。如果双方各自聘用律师审查企业转交的必要文件，则产生的律师费用由律师的雇佣方各自承担。

（b）其他任何结束的成本与费用应当在结束时由双方，买方及卖方平分支付。

条款 14
限定性条款

14.01. 卖方明确同意，在没有获取买方书面同意的情况下，在＿＿＿＿年内，遵循协议要求，＿＿＿＿[他或她]不会，直接或间接，以员工、中介、所有者、合作伙伴、股东、官员、主管或其他任何方式，提供任何服务，或者以＿＿＿＿[他或她]的名义介入或者拥有于此已经出售给买方的企业相同、相似或者有竞争关系的，位于企业现有出售的地址＿＿＿＿＿英里范围内的企业。

14.02. 根据协议规定，不管出于任何原因，无论直接或 间接，卖方都不得在＿＿＿＿年内做出若下举动：

（a）向任何人、任何单位或企业透露卖方或卖方的客户的姓名或地址以及其他保留的信息；或者

（b）为卖方或者任何其他个人、企业和公司号召、招揽或取走，或者试图号召、招揽或取走卖方的客户，卖方所号召的或者跟＿＿＿＿＿[他或她]通过此企业的所有权而相识的客户。

14.03. 如果卖方违反此条款任何段落，任何应由买方支付的未支付的或应支付的费用都将视为已经支付。

条款 15
总则与行政规定

15.01. 限定的当事人

此协议应当适用于牵涉到此协议以及受益于此协议的各方，以及其各自的继承人、遗嘱执行人、管理人、法律代表、继承者及受让人。

15.02. 转让

在买方的事前书面同意的情况下，卖方无权转让或转移_____[他或她]在此协议中的利益。

15.03. 法人权威机构

如果此协议的任何一方是法人实体（合伙、社团及/或信托），此类参与人代表另一方，此协议中所完成的交易，及其执行与操作行动都已得到必要的合伙、社团及/或信托机构批准，包括但不限于主管，如果这一方是社团的话。此类社团或者授权次交易的证明的文件应当在结束时提交。

15.04 代词的使用

此协议中所涉及的描述各方的中性代词应当附带适当说明，即使所涉及的那方为个人、合伙、社团或由一个或多个人组成的组织合作或企业。当此协议涉及不止一方是，需要采用必要的语法修改来使得其条款使用复数人称。无论企业、合伙、或个人、男性、女性，都应当默认为已经完全涉及了。

15.05 适用法律

此协议符合并受到_____州法律的约束。并且所有的责任与付款都在_____[市]，_____[区]，_____[州]内应付及可付。

15.06. 可分性条款

如果出于任何原因，此协议的任何条款违反可使用的法律，那么此协议就只有此条款不具有法律效力。个别条款与法律的不相符不会导致整个协议的无效。其他的条款仍然具有法律效率，除非违法条款的移除 影响到了此协议的合法目的，那么，在这种情况下，会撤销此协议。

15.07 协议的完整性

此协议代表着各方对此协议的完全理解。在此协议外以及其所涉及到的内容之外 ，任何一方都没有做出任何口头协议、理解或代表。

15.08. 公告

依据此协议所要求或允许的所有公告或交流应当以书面的方式，并且被认为是从美国内部以第一类邮件、以邮费预付的方式按以下地址发送：

至卖方：_____-

至买方：_____

一方也可以通关过此书面方式告知另一方其地址的改变。

由签名各方在_____[日期]签署、接受、并同意，各方都表明已阅读并理解此协议、其附件与安排，并自愿执行此法律文件。

即此函达，

卖方：_____

签名：_____

买方：_____

签名：_____

附件 A
交易股份、库存及货物

附件 B
企业固定设备及其他无形资产

附件 C
本票

附件 D
买卖契约

企业买卖契约

经过充分考虑，特此声明，签名的＿＿＿＿＿＿＿（卖方姓名）就此出售、转让并移交给＿＿＿＿＿＿

（买方姓名）：

1. 安排 A 中所列出的，在此整合并作为此一部分的全部的资产、有形动产、资产财物；
   及

2. 作为此次交易的主体的签署的＿＿＿＿＿＿＿（公司名称）的全部信誉。

签署的授权说明，所有的资产、有形动产、都是自由的且不存在负债，且所签署方拥有出售的权利，且会担保保护面临的索赔及任何人的要求。

签字人在此担保承诺，签字人在＿＿＿＿年内不会在＿＿＿＿＿＿＿范围内涉及＿＿＿＿＿＿＿企业。

日期：＿＿＿＿＿＿＿＿＿＿＿＿＿＿＿

卖方：＿＿＿＿＿＿＿＿＿＿＿＿＿＿＿

证人：＿＿＿＿＿＿＿＿＿＿＿＿＿＿＿

本票

日期：＿＿＿＿＿＿＿

借方：＿＿＿＿＿＿＿＿＿＿（买方姓名）

借方地址：＿＿＿＿＿＿＿＿＿＿＿＿＿＿＿＿＿＿＿＿（买方地址）

收款人：＿＿＿＿＿＿＿＿＿＿（卖方姓名）

付款地点：＿＿＿＿＿＿＿＿＿＿＿＿＿

本金：＿＿＿＿＿＿＿＿＿＿＿＿＿

期限：＿＿＿＿＿＿＿＿＿＿（月份数量）

月付款数：＿＿＿＿＿＿＿＿＿＿＿＿（每期金额数量）

利率

到期未付款项的年利率为＿＿＿＿%，从属于＿＿＿＿＿＿法规定的最高额度。

支付条款

本票据根据下列条件到期支付：＿＿＿＿＿＿＿＿＿＿[填写付款此书]每月支付$＿＿＿本金 [填写每月支付金额]。此类支付的第一次到期应付与＿＿＿＿,20＿＿的第一天。且类似分歧 应当在此后的每个月的同一天到期支付，直至$＿＿＿＿＿＿[填写 本金总额]的本金完全付 清。如果每期付款都无法按时支付，剩余金额将以＿＿＿＿＿法律所允许的最高利率额范围 内的＿＿＿＿%的利率收费。

借款人预付权

借款人保留在到期前不带附加条款的提前完全或部分支付本票的权利。

支付地点

借款人承诺根据收款人的要求在制定地点按照到期本金及利率的总额的方式支付款项。所有未付金额都应在最终还款日前偿清。

违约及提前付款条约

如果借款方在本票支付或者任何责任中违约，并且在收款人向其发放违约通告的改正时间内，持续违约，依法律或书面协议规定，收款人有权要求所有的未付本金及利息都被立即偿清。借方及每个担保人、背书人、承保人放弃法律所允许的支付要求、支付声明、加速到期的意向通知、加速到期通知、抗议、抗议通知。

过期分期付款的利率与费用

知道付清前，所有的过期本金及/或利率及/或其他过期费用都应当在到期后承担＿＿＿＿法律所允许的最高利率范围内的＿＿＿＿％的利率来收取。如果借款人无法在付款日过后十五天内支付其应付的本金与利息，则收款人有权要求一次性将所有的本金与利率付清。收款人对此权利的忍耐或修补，不能视为收款人对此权利的放弃或对借方后续原因、违约或违背责任的修补。

利率

由此本票设定的债务利率不得高于法律规定的最高非高利贷利率下，收取、保留、收费或接收。任何超过最大值的利率都应当放入本金，如果已被支付的话，并偿还。对于任何加速的要求或允许的预付款，如果已经支付，任何此类超出额都会被加速或预付款自动取消并放入本金偿还。此条款高于此协议涉及债务的其他条款（及任何条款）。

付款方式

任何支票、汇票、邮政汇票或者其他任何支付工具或关于此部分的方式都应所有者接收并以常规方法收取。但是，同样的方式不可组成以下的支付或者降低所有者的权利，除了现金以此种方式被收款人无条件接收并用此方式使用到债务中。

律师费

如果此本票通过给律师实行收集或执行，或者此组合被用来收集或者执行，或者是通过遗嘱查验、破产或其他法定程序来收集或执行的，那么借款人应当向收款人支付所有收集及执行的费用，包括相应的合法律师费、诉讼费，以及其他应付款项。

可分性条款

如果此本票的任何条款或者在此的应用，出于任何理由在任何程度上应当失效或无法执行，既不是本票剩余部分，也不是对于其他人、实体或环境的条款的使用受到影响，而应当是在法律允许范围内将其最大限度的实施。

约束力

此处所包含的契约、职责以及条件应当约束并保护继承人、法定代表或者继承方的利益。

标题

此处使用的标题仅仅是为了方便参考，不是为了在此本票下决定权利或者责任。

解释

此处使用的代词应当在适当情况下，既包括性别或单复数。

适用法律

此注释应当遵循＿＿＿＿　　法律进行使用、分析、解读。

借款方对本注释中的全部责任负责。

执行于 20＿＿年，＿＿＿ 月＿＿＿日。

借款人：＿＿＿＿＿＿＿＿＿＿＿

非竞业协议

出于常规完善考虑，_____（填写卖方信命），签字人在此同意，在签署协议之日起____年内，不以直接或间接的方式与_____（填写公司名称）及其继承人与承接人产生竞争关系。

此处使用的"不竞争"应当表示签字人不得拥有、管理、运作、咨询或者受雇于与_____（公司名称）相似或有竞争的行业，或者_____（公司名称）后续可能涉及到的此类其他商业活动。

签字人声明，买方或者_____（公司名称）应当或者可以根据协议允许签字人了解交易秘密、客户以及其他商业秘密与信誉。签字人同意保留将上述信息保密，并且擅自使用此类信息或者将信息暴露给任何第三方。

此协议应当约束且保护各方及其继承人、受让人或个人代理的利益。

签署于 20____年 ____月_____ 日。

卖方:_____

合作协议

合作协议由＿＿＿＿＿＿＿＿＿＿（以下称为卖方）与＿＿＿＿＿＿＿＿＿（以下称为买方）制定并实施与
＿＿＿＿＿＿＿＿（日期）。

鉴于条款

卖方以＿＿＿＿＿（公司名称）的名称与方式拥有并经营一企业。

买方已经从卖方手中购买了所提到的企业并支付报酬。

考虑到下文中所包含的双方相互许诺与契约以及其他好的有价值的报酬，据此声明收据，双
方在此同意：

应当同意为买方提供帮助来实现所述企业在常规商业期间内在企业所在地，在结束的＿＿＿＿
几天内实现管理与运作的转移，买方不再向卖方提供额外支付。

双方同意采取任何必要的措施在结束后实施条款。

特此立证，在上述日期或年份内，双方由其法定代表执行此协议条款

卖方：＿＿＿＿＿＿＿＿＿＿

买方：＿＿＿＿＿＿＿＿＿

参考文献

Harlan D. Platt，Majorie B. Platt 企业改革案例

Isadore Barmash，一个不太温柔的出价：内部人员看兼并及其结果

商业改进局理事会，明智收购的商业改进指南

James C. Freund，解剖兼并：企业收购谈判的策略与技巧

Shannon P. Pratt, 商业评估主题知识手册

Larry J. Kasper，商业评估：高级话题

Renald J. McGregor, Kay Kepler，企业收购：初级买家操作指南（小型脆弱企业及企业家精神）

Joseph R. Mancuso，几乎不用现金购买企业

Martin H Bloom，企业购买基础：安全购买企业的详细指南

Samuel C.，Jr Thompson，为并购制定商业计划（卡罗莱纳学术出版社法律案例系列）

Wilfred Tetreault，企业销售机会：销售交易手册

Pedro Nueno，企业转型：企业生存实用指南

Donald B. Bibeault，企业转型：管理人员如何将失败者转变成成功者

Sudi Sudarsanam，从并购中创造价值：挑战

Lutz Kruschwitz, Andreas Loeffler，折扣现金流：企业评估理论（Wiley 金融系列）

Grant Sutherland，尽职调查

Arthur H. Rosenbloom,制定全球交易的尽职调查,跨国并购、合资、融资以及战略合作指南

David Baker，企业并购实践中的尽职调查、揭示、特约条款（国际律师协会系列）

Denzil Rankine, Mark Bomer, Graham Stedman,尽职调查：企业成功合并的详细步骤

Christopher Carosa, Patrick C. Burke,尽职调查

William M. Crilly 尽职调查手册

Curtis Sahakian 尽职调查清单

Robert J Haft 证券交易的尽职调查（证券法系列）

Joe H Hicks 尽职调查：学习如何避免误区和处理经纪人

Peter Howson，尽职调查：并购的关键时刻

Stephen Bourne 财务尽职调查：确保成功并购的指南（金融时报管理摘要）

Robert Dickie，财务报告分析及企业评估---律师实践，第二版

John S. Hughes，Frances L. Ayres，Robert E. Hoskin，财务会计：评估重点

Les Livingstone Ph. D. CPA,企业评估指南

Richard A. Joseph, Anna M. Nekoranec, Carl H. Steffens,如果购买企业

Verne A. Bunn，C.R. Stigelman，如何购买或出售小型企业及特许权

Mark c. Tibergien，Owen Dahl，如何评估、购买或者出售财务顾问实践：关于兼并。收购与转型计划的手册

Michael Whalley，跨国企业并购：主要法律问题及尽职调查

George R. Horning，企业并购的内部指南

Pradip N Khandwalla，创新企业转型

Aspatore Books Staff，进入内部:并购的最好实践：领先 M&A 律师就尽职调查过程、交易成型与购买价格谈判的描述

Krishna Palepu，Victor Bernard, Paul Healy,企业分析与评估简介

Philip H. Mirvis， Mitchell Lee Marks，管理兼并：让兼并见效

Perrin, Foster& Crosby, Towers, Jeffrey A. Schmidt,让并购见效：人的战略重要性

Price Pritchett，让并购见效：管理并购指南

M. S Chhikara,管理企业转型：管理咨询服务在小型企业转型中的角色

J. Fred Weston, Samuel C. Weaver, Samuel Weaver,兼并与收购

Joseph c. Krallinger，兼并与收购：管理交易

H. R. Machiraju,兼并、收购和接收

Amy Pablo， Mansour Javidan， 策略管理社会员工，兼并与收购：创立整合知识（策略管理社会图书系列）

Inc Arthur D. Little,并购：计划与实施：为财务执行研究基础起草的研究报告

90 年代的并购：详细指南（公司法律与操作指南系列）

Michael E.S. Frankel，并购操作者：创建一个获利团队

Russell K. Smith,圣地亚哥商业期刊（电子期刊，2005 年 7 月 30 日），通过尽职调查打开调研之门（简介）

Harlan D. Platt,企业改革的准则，第二版

Stanley J. Feldman，私人企业评估准则（Wiley 财务系列）

Heather Smith Linton，街头企业评估：建议决定你企业价值的有效方法（亚当街头系列）

Irene Rodgers， Charles Gancel， Marc Raynauld，成功兼并、并购与战略协作：如何弥合企业文化差距

Krishna G Palepu, Victor L Benard, Paul M. Healy，企业分析与评估详解：使用财务报告评估任何企业

John O Whitney，控制：不良企业机转型的管理指南

Matthew L Shuchman， Jerry S White，转型的艺术：如果从债权人、掠夺者或竞争者手中拯救你的企业

G. Scott Hutchinson，收购与兼并

Scott Gabehart， Richard Brinkley，企业评估指南

Timothy J Galpin, Mark Herndon,兼并并购完全指南：支持各个层次 M&A 整合的工具

Louis E.V. Nevaer， Steven A. Deck,企业单位的管理：动荡时刻的文件管理策略

Milton L. Rock， Robert H rock， Martin Sikora，兼并和并购手册

Stephen J.Wall , Shannon Rye Wall, Sharon Rye Wall,早晨过后：在交易后完成企业并购已无从下手

J. Fred Weston， 兼并在大企业的成长中的角色

Lawrence W. Tuller，小型企业评估指南

Scott Gabehart，购买、评估、出售你的企业的指南

John Dewey，评估原理

Tim Koller， Marc Goedhart， David Wessels,麦肯锡，评估：衡量管理企业的价值，第四版

Pablo Fernandez,评估价值与股东价值的创造

Clemento， Greenspan，赢在并购：市场为中心的计划与整合指南

不承担责任声明

由于成功取决于您的努力，决心和情况，任何商业活动都存在经济损失的风险，有时甚至血本无归。本公司、作者或其代理将不负责因下列情况所引起的任何损失，不论是直接的、间接的、专门的、偶然的、相因而生的、惩罚性的，还是损害赔偿，包括利润损失：

1）本书所含的信息；

2）通过本书或其任何相关产品所传递的任何信息；

www.ingramcontent.com/pod-product-compliance
Lightning Source LLC
Chambersburg PA
CBHW071121210326
41519CB00020B/6381